基于拉姆齐次优理论的 高速铁路定价方法研究

RESEARCH OF HSR PRICING METHOD BASED
ON RAMSEY SUBOPTIMAL THEORY

弓秀玲◎著

经济管理出版社
ECONOMY & MANAGEMENT PUBLISHING HOUSE

图书在版编目（CIP）数据

基于拉姆齐次优理论的高速铁路定价方法研究／弓秀玲著. —北京：经济管理出版社，2019.7

ISBN 978-7-5096-6766-8

Ⅰ.①基…　Ⅱ.①弓…　Ⅲ.①高速铁路—铁路运输—运价—研究—中国

Ⅳ.①F532.5

中国版本图书馆 CIP 数据核字（2019）第 163422 号

组稿编辑：丁慧敏

责任编辑：丁慧敏　张广花

责任印制：黄章平

责任校对：董杉珊

出版发行：经济管理出版社

　　　　　（北京市海淀区北蜂窝 8 号中雅大厦 A 座 11 层　100038）

网　　址：www. E-mp. com. cn

电　　话：（010）51915602

印　　刷：北京晨旭印刷厂

经　　销：新华书店

开　　本：720mm×1000mm /16

印　　张：10

字　　数：154 千字

版　　次：2019 年 7 月第 1 版　　2019 年 7 月第 1 次印刷

书　　号：ISBN 978-7-5096-6766-8

定　　价：48.00 元

前　言
Preface

　　高速铁路能否发挥积极作用，在很大程度上取决于其定价方法是否合理。高铁定价一方面要具有社会性，满足居民出行需求，促进社会资源合理配置；另一方面要具有市场性，努力提高企业收益，促进国民经济健康发展。因此，探索介于社会效益和企业利益之间的合理定价即次优定价模式具有重要意义。本书进行了大量文献研究，结合微观经济学成本理论、弹性理论、市场理论、福利经济理论等，采用统计分析、比较分析、实物模拟分析等方法，对拉姆齐次优定价方法进行了进一步探讨。

　　基于不同服务的收入和支出配比，建立了不同席别独立实现盈亏平衡的差别拉姆齐次优定价模型。本书采用作业成本法确定边际成本，不同席别作业成本和需求弹性不同，具有不同的运价；提出基于盈亏平衡的社会福利最大化时，不同弹性值下的拉姆齐指数取值，以及合理的定价方法。结果表明，拉姆齐指数取值区间比传统取值区间更大。在此区间下，企业可以在满足社会福利为正的条件下，综合运营目标进行定价。

　　基于不同时段的设计运能限制，建立了不同席别独立实现盈亏平衡的分时段差别拉姆齐次优定价模型。本书采用分时段作业成本和时长权重比例构建模型，采用非贸易品产出物影子价格，即可变成本确定设计运能限制乘子，提出了分时段定价方法。通过测算不同开行方案的定价区间和实施效果，并与设计运能限制的统一定价模型相对比，表明企业利润得到了提升且社会总福利在开行频次达到一定程度时得到改善。结果显示，随着高峰期开行频次的增加，模型的实施效果递增，模型是适用的。

　　基于社会效益和企业利益均衡，建立了不同弹性客户群次优差异化营销的优化取值和定价模型。需求营销弹性一般为正数，不同类别客户单位营销投入变动受需求价格弹性类型影响，需求价格弹性类型不同，单位营销投入变动不同，定价方法也不同。根据不同运营目标采取不同的营销策略和定价方法：当追求社会福利最大化时，企业实行无差异营销和统一定价；当追求企业利益最大化时，企业实行差异化营销，根据不同需求价格弹性采取不同的营销和定价方法；当追求双重均衡时，根据不同需求价格弹性采取适当的营销和定价方法。

综上所述，本书基于拉姆齐次优理论的进一步研究，对高速铁路定价模型进行了优化设计，建立了不同席别独立实现盈亏平衡的次优定价模型和分时段次优定价模型，基于社会效益和企业利益均衡的次优差异化营销定价模型，对高铁行业的科学定价具有重要指导意义。

目 录
Contents

第1章

绪　论

1.1　研究背景及意义

1.1.1　研究背景

根据《高速铁路设计规范》的定义和标准，我国高速铁路的定义为："新建设计开行250公里/小时（含预留）及以上动车组列车，初期运营速度不小于200公里/小时的客运专线铁路。"我国高铁提供两种产品：一是以D字开头，时速达到250公里/小时的动车组，二是以G或C字开头，时速达到250~300公里/小时的高速列车。

2004年《中长期铁路网规划》提出，到2020年，建设省会城市及大中城市间的快速客运铁路，即"四纵四横"网，在环渤海地区、长三角地区和珠三角地区形成公交化的城际快速客运系统，建设客运专线1.2万公里以上；2006年《铁路"十一五"发展规划》提出，通过建设客运专线，发展城际客运轨道交通和既有线提速改造，初步形成以客运专线为骨干，以北京、上海、广州和武汉为中心，连接全国主要大中城市的快速客运网络，到2010年快速客运网总规模达到2万公里以上；2011年《铁路"十二五"发展规划》提出，建成"四纵四横"客运专线，建设城市群城际轨道交通干线，建设兰新铁路第二双线、郑州至重庆等区际干线，基本形成快速铁路网。"四纵"分别是北京—上海、北京—武汉—广州—深圳（中国香港）、北京—沈阳—哈尔滨（大连）、上海—杭州—宁波—福州—深圳。"四横"分别是：青岛—石家庄—太原、徐州—郑州—兰州、上海—南京—武汉—成都、上海—杭州—南昌—长沙—昆明。到2015年，快速铁路网营业里程达到4万公里，基本覆盖省会及50万人口以上城市；2016年《铁路"十三五"发展规划》提出，构建"八纵八横"高速铁路主通道，规划布局高速铁路连接线，扩大高速铁路覆盖，发展城际客运铁路。"八纵"通道为：沿海通道、京沪通道、京港（台）通道、京哈—京港澳通道、呼南通道、京昆通道、包（银）海通道、兰（西）广通道。"八横"通道为：绥满通道、京兰通道、青银通道、路桥通道、沿江通道、沪昆通道、厦渝通道、广昆通道。到2025年，高速铁路达到3.8万公里左右；到2030年，高速铁路达到4.5万公里左右。高速铁路网基本连接省会城市和其他50万人口以上大中城市，实现相邻大中城市间1～4小时交通圈，城市群内0.5～2小时交通圈。基本实现省会高铁连通、地市快速通达、县域基本覆盖。

2003年10月12日，我国第一条高速铁路——秦沈客运专线开通运营，开启了中国高速铁路发展历程。自2008年8月1日起，我国第一条350公里/小时的高速铁路——京沈高速铁路开通运营以来，我国高铁建设迅速发展，按照国家中长期铁路网规划和铁路"十一五"规划、"十二五"规划全面加速推进。到2015年底，高速铁路营业里程达1.9万多公里，已形成骨干网、重要的区域网、大城市之间的城际高铁等为主的全球规模最大的高速铁路网。骨干网是指规划的"四纵四横"干线网；重要的高速铁路支线有贵广客运专线、西成客运专线、兰新客运专线等；城际高铁有京津城际铁路、沪宁城际铁路等。高速铁路的快速发展，大大地缓解了交通紧张的局面，给居民出行带来了极大便捷。据统计，2008年高铁发送旅客量达1.28亿人次，此后每年以约39%的速度增长，到2013年，高铁客运专线发送旅客量达到5.3亿人次，占全国铁路总客运量的25%。高铁客运周转量（2141亿人公里）略高于世界其他国家总和，约为高铁客运量排名第二的日本的2.5倍。然而，由于高铁票价相对较高，在高铁发送旅客量迅速增长的背后，却存在着高铁有效需求不足和经济效益低下的问题。

2014 年 7 月 1 日，中国铁路实行新的列车运行图，将更多客运转移到高铁上，但是在交通高峰期和非高峰期，列车开行对数区别不大；在需求量低的时段车票折扣很少，导致非高峰时段座位闲置，而高峰时段一票难求。2014 年 1 月《人民铁道》报道，全国高铁平均客座率为 70% 左右。据《中国铁路总公司 2015 年三季度审计报告》，中国铁路总公司 2015 年前三季度净亏损 94.35 亿元，较 2014 年同期增加 174%。

我国高速铁路运营现状与目前高铁定价方法和管理制度密不可分。从定价方法来看，我国高速铁路票价体系形成历史悠久，主要依据建设成本、运营成本测算，参考地区经济水平和运行时速制定票价，车票基准率有较大不同，实行递远递减的单一票价制度。1997 年《国家计委关于高等级软座快速列车票价问题的复函》（以下简称《复函》）中规定时速在 110 公里/小时以上的高等级软座快速列车客票基准价为：特等座每人 0.4208 元/公里，一等座每人 0.3366 元/公里，二等座每人 0.2805元/公里，可根据市场情况上下浮动 10%。对商务座、特等座、动卧等票价，以及社会资本投资控股新建铁路客运专线旅客票价继续实行市场调节，由铁路运输企业根据市场供求和竞争状况等因素自主制定。此后原国家计委、铁道部以《复函》规定的基准价为准，对票价体系不断调整。对商务座、特等座、动卧等票价进行了市场调节，采取了一些特惠和折扣措施，取得了一定成效。但是多数票价固定不变，不能满足经济运行需要。票价制度存在不能反映当地经济状况、居民收入、供需状况、铁路综合运输成本和市场竞争等问题。从管理制度来看，我国票价管理权相对集中，运价形成机制缺乏灵活性。一般由国家铁路总公司拟定建议价，交由国务院相关部门审批，经国家发改委同意后形成政府指导价，再交由铁路企业执行，铁路下级部门和各地方铁路企业无权参与决策。这种定价机制，客观上造成企业经营缺乏自主性，使票价不能反映旅客需求，不能适应市场经济需要，丧失了应有的资源配置作用，导致社会效益和企业效益低下。

2016 年 2 月 19 日，中华人民共和国国家发展和改革委员会（以下简称国家发改委）发布《关于改革完善高铁动车组旅客票价政策的通知》（以下简称《通知》），从 2016 年 1 月 1 日起放开高铁动车票价，改由铁路总公司自行定价。对在中央管理企业全资及控投铁路上开行的设计时速200公里/小时以上的高铁动车组列车一等座、二等座旅客票价，由铁路运输企业依据价格法律法规自主制定；对商务座、特等座、动卧等票价，以及社会资本投资控股新建铁路客运专线旅客票价继续实行市场调节，由铁路运输企业根据市场供求和竞争状况等因素自主制定。国家发改委在《通知》中指出，铁路运输企业制定高铁动车组一等座、二等座旅客票价时，应当制定无折扣的公布票价；同时，可根据运输市场竞争状况、服务设施条件差异、客流分布变化规律、旅客承受能力和需求特点等实行一定折扣，确定实际执行票价。这一规定将打破高铁票价的一成不变，给铁路总公司一定的自主权，为研究实施高铁合理定价提供了良好契机和政策背景。因此，研究制定适应市场经济发展，满足乘客需求的高铁票价，提高上座率，减少资源浪费，提高铁路行业市场竞争力成为当务之急。

1.1.2 研究意义

中国正处于工业化加快形成的重要时期，统筹城乡和区域发展的关键时期，加快高速铁路建设是必然要求。高速铁路是国家重要基础产业设施，是关系国计民生的重要支柱产业，其本身具有显著优点：缩短了旅客旅行时间，产生了巨大社会效益；均衡和推动了沿线地区经济发展；促进了工业化和城镇化进程；促进了城乡就业；节约了能源和减少了环境污染等。

高速铁路能否发挥作用，在很大程度上取决于其定价方法是否合理。高铁定价一方面要具有社会性，满足居民出行需求，促进社会资源合理配置；另一方面要具有市场性，努力提高企业收益，促进国民经济健康发展。因此，探索介于社会效益和企业利益之间的合理定价，即次优定价模式具有重要意义。由于拉姆齐次优定价模型具有较好的适用性，因此被广泛应用于铁路定价的研究中。

拉姆齐模型由边际成本和需求价格弹性两个基本要素组成。在铁路的实际应用研究中，一般将单位变动成本作为边际成本的取值。由于铁路运营的单位变动成本偏低，会使票价过低，不符合经济效益原则。因此，在运用拉姆齐模型制定高铁票价时，应采用作业成本法作为成本管理方法，以扣除折旧费后的单位作业成本，即单位运营成本作为边际成本，更符合高铁的实际情况。此外，传统研究中的拉姆齐定价模型采用统一的拉姆齐指数，没有考虑不同席别的影响，没有进行收入支出的相应配比，也不符合客观实际。因此，探索建立以单位作业成本为基础、不同席别独立实现盈亏平衡时的社会福利最大化模型，测算相应拉姆齐指数，提出不同需求弹性下的定价方案，更具有实际应用价值。

高速铁路作为一种服务产品，具有易逝性、不可储存性和时空分布的不均衡性。根据高铁产品的特性及时空分布特征进行定价，可以改善企业效益，优化社会资源配置。相对于分区域定价，分时段定价的优化空间更大，因此理论界集中于分时段定价研究。但是，由于高铁产品分时段成本的确定具有一定难度，且不同时长的权重影响也难以确定，目前还没有适用的分时段差别定价模型。因此，在科学确定边际成本和不同时长权重的基础上，建立不同席别独立实现盈亏平衡的分时段定价模型，研究其相对于统一定价社会效益和企业利益的改善效果，具有重要意义。

我国高速铁路建设和运营起步较晚，多数企业营销手段单一，客户市场细分程度不够，差异化营销措施落后，企业没有发挥应有的作用。弹性营销理论的研究表明，基于社会福利和企业利益均衡，根据不同客户群和消费时段的需求弹性进行营销投入，实施营销歧视，有利于提高社会效益和企业利益。但是，目前关于次优差异化营销的定性研究较多，而定量研究较少，尚未形成适用的营销投入模型。因此，定量研究次优差异化营销的取值模型，提出具体营销投入方案，对于企业具有重要意义。

1.2　研究技术现状分析

公共物品理论和次优理论是准公共物品定价的理论基础，国内外关于准公共物品定价方法的论述很多。准公共物品定价方法总体上可分为三类：以社会效益最大化为目标定价、以企业利益最大化为目标定价以及基于社会效益和企业利益均衡定价。基于社会效益最大化的目标是实现社会福利最大化，采用边际成本定价法，当价格等于边际成本时，即 P＝MC 时社会效率最优；基于企业利益最大化的目标是实现企业利润最大化，以收回全部成本为基础，在 MR＝MC 均衡下定价。定价方法主要有广义成本法、平均成本法、FDC（Fully Distributed Cost）定价法、两部定价法、成本加成定价法、投资回报率定价法和盈亏平衡定价法等；基于社会效益和企业利益均衡定价既遵循效率原则，又遵循合理原则。因此，要在 MR 和 MC 之间进行均衡定价，即采用次优定价方法。定价方法主要有拉姆齐次优定价法、差别定价法、均衡定价法、博弈论定价法、系统动力学定价法和收益管理理论等。

理论界认为，由于外部性和信息不对称等因素的存在，完全竞争市场的理想状态是不存在的，准公共物品定价应采用次优定价方法。交通运输是典型的准公共物品，具有社会性和市场性双重属性，因此在市场经济中遵循次优理论。国内外理论界积极探索交通运输的次优定价方法，即基于公益性和经营性均衡的定价方法。由于拉姆齐次优定价理论在边际成本基础上考虑一定加价，既考虑了运输成本，又考虑了客户需求，具有较好的适用性，因此被广泛地用于交通运输产品定价的研究中。理论界对拉姆齐次优定价相关理论的研究主要有三个方面：

（1）关于拉姆齐次优定价模型相关理论的研究。拉姆齐原则是关于多种产品的定价原则，因此可应用于多种交通定价。国内外学者对拉姆齐模型进一步推导，开展应用性和有效性研究，进一步优化交通运输产品定价，提高社会效益和企业利益。研究对象主要是不同国家或地区的铁路运输及城市轨道交通等。研究方法主要是结合边际成本理论和弹性理论对拉姆齐模型中的边际成本和需求价格弹性进行相关研究。关于高速铁路运输成本的计算，学者们普遍认为应采用作业成本管理方法，并对运输成本的构成展开论述，认为应考虑外部成本、资本成本等综合因素；讨论分析了成本的变动性，拓展了边际成本的取值范围，认为边际成本的构成应考虑社会边际成本。通过边际成本与运距的相关性，阐述票价和运距的关系，探讨分段计程制运价方案；进一步结合高铁客运专线运营模式和运行特点，对运营成本的构成展开论述，认为以运营成本作为拉姆齐模型边际成本的计算更为科学。同时提出由于运营成本难以确定，可以采用模拟成本法和类比分析法，参照历史或同业数据进行计算获得。关于交通需求弹性，理论研究探讨需求函数拟合和需求弹性系数的计算方法，运用市场调研数据拟合、预测数据最小二乘法回归分析、灵敏度分析法、双对数模型等进行弹性分析。在对大量调研数据拟合及分析的基础上，研究居民出行行为和票价的相关性，研究不同弹性值对定价方案的影响，指出根据不同弹性合理定价可获得社会和经济双重利益。理论界还对拉姆齐指数取值范围进行了广泛研究，认为拉姆齐指数取值区间为 [0, 1]，通过分析不同弹性值下价格变化指数与拉姆齐价格指数间的关系，并制定相应定价方案。

上述研究对高铁定价具有积极借鉴作用，但仍有许多问题有待解决，主要体现在：拉姆齐理论中，所有服务均来源于同一固定成本，没有将每一种服务的收入和支出对应，有失公平；没有结合高铁运营特点对拉姆齐模型的边际成本和需求弹性取值进行详细分析；缺乏对拉姆齐指数取值的深入分析，未提出不同需求价格弹性适用的拉姆齐指数取值和具体定价方法。本书将结合成本理论和弹性理论，考虑不同服务的收入支出配比，建立在不同席别独立实现盈亏平衡时，基于作业成本的差别拉姆齐次优定价模型，使拉姆齐模型更具有科学性、合理性。同时提出不同弹性值下的拉姆齐指数取值范围，以及合理的定价区间，为高速铁路科学定价提供依据。

（2）关于分时段拉姆齐次优定价理论的研究。分时段定价是拉姆齐次优理论的实际应用，是对拉姆齐定价原则的引申。理论研究最早由 Baumol 和 Boiteux 提出，针对不同市场的情况，需求弹性越小的市场，定价可以超出其边际成本的比例越低，称为逆弹性定价法或高峰定价法。交通运输由于具有明显的时间不均衡性，并呈现出一定的规律，高峰定价法的研究和应用非常广。国内外学者以高峰定价理论为基础，结合差别定价理论、交通拥挤理论和弹性理论等展开分时段拉姆齐定价方法的广泛研究。研究对象主要是不同国家或地区的铁路运输、城市轨道交通、城市公路运输及水运等。通常采用的研究方法是按不同的需求特性和出行行为将消费者按淡季、旺季或高峰期、非高峰期等进行市场细分，在此基础上以社会福利最大化为目标函数，以企业实现盈亏平衡为条件，建立改进的拉姆齐定价模型。利用数据统计分析成本函数与旅客发送量之间的关系，不同的细分市场具有不同的边际成本；考虑运营成本、生产能力成本、拥挤收费、有效设备利用率、企业利益在政府决策中所占据的分量、单位产品承担的价格差、成本控制、时间价值等因素确定总成本，进而确定边际成本；通过调研或对历史数据拟合得出不同群体的需求弹性；根据运行数据研究确定不同的时长权重系数。利用 Lagrange 乘子法将有限制的目标函数转化为无约束的目标函数，对最优化目标函数进行求解，得出不同开行方案的定价方案，以及实施效果。实例对比分析分时段定价模型和统一定价模型的实施效果，验证分时段定价方法有利于降低不同时段的运量差距，使社会资源得到均衡配置，企业效益也得到了一定程度的提升。

上述研究对高速铁路定价具有重要指导意义，但是还有许多有待完善之处：没有将每一种服务的收入和支出对应，使盈亏平衡的计算不够准确；缺乏对不同时段铁路设计运能影响和不同开行方案边际成本的深入研究；缺乏对模型中拉姆齐指数取值及 Lagrange 乘子解法的深入分析；缺乏对分时段运价方案的可行性和实施效果的深入论证，没有提出一套适合高铁运营特点的可操作的分时段定价方法。本书在考虑设计运能限制的基础上，对统一定价模型进行了修正和完善。在此基础上，考虑分时段设计运能限制，建立不同席别独立实现盈亏平衡时，基于分时段作业成本和时长权重的差别拉姆齐次优定价模型。采用实例分析，提出不同弹性值下的 Lagrange 乘子取值，以及合理的定价区间。通过与统一定价方法对比，检验不同开行方案的分时段定价方案实施效果，为高速铁路实施分时段定价提供科学依据。

（3）关于次优差异化营销和定价理论的研究。拉姆齐定价原则本质是社会效益最大化和企业利益最大化目标之间的次优选择，是边际成本和盈亏平衡之间的均衡定价，次优差异化营销和定价理论是拉姆齐次优理论的引申和运用。国内外关于差异化营销的研究集中于建立识别客户和细分市场的营销模式，探讨需求影响因素以及进行需求量的预测。研究对象主要是不同国家或地区的航空业、铁路运输和高速公路等。研究方法主要是结合差异化营销理论、顾客关系管理理论及弹性理论等，研究针对不同的客户群实施不同的营销方案，从而提高企业经济效益。差异化营销的研究建立在客户市场细分的基础上，利用信息化系统，通过数据挖掘技术进行管理，对顾客价值进行分类。主要采用 ABC 分类法、RFM（Regency，Frequency，Monetary Value）法、GE（General Electric Company）矩阵分析法、聚类分析法等将顾客分为高价值客户、一般价值客户、低价值客户等，对不同价值顾客实行不同的营销策略，从而建立良好的客户关系，提高客户忠诚度，创造双方的关系价值，提高市场占有率和竞争力，获取最大的经济效益。理论界还讨论采取收益管理定价方法获取更多的市场份额；讨论将需求弹性和可靠性的需求估计数作为一种营销工具；讨论采用 GRA（Grey Relationship Analysis）方法计算乘客需求和影响因素之间的相关性，最终预测高铁客运需求量；许多学者还提出通过改进硬件设施，加强与旅游部门的合作，整合铁路资源等改进铁路营销战略，优化铁路运营方式。在差异化营销理论的研究中，多数学者探讨的还是通过营销模式的优化，提高企业的市场影响，改善企业的经济效益。只有少数学者结合顾客关系理论，探索基于社会效益和企业利益均衡的次优营销模式，发挥企业运营的双重属性。提出不同运营目标下的营销策略不同，营销投入不同；不同价值客户的重要性不同，营销投入也不同。营销成本和收益同样会有差异。

上述研究在高速铁路营销中发挥了积极作用，但大多是单纯从企业利益出发，根据顾客分类实施差异化营销策略的定性研究。关于差异化营销的定量研究较少，缺乏对差异化营销及定价模型的研究，特别是缺乏基于社会效益和企业利益均衡的次优差异化营销及定价模型的研究。少数文献涉及次优差异化营销模型的研究，但没有提出具体可行的差异化营销取值方案和营销方法，也没有提到相应的定价模型及其对定价的影响，缺乏对模型运用效果的分析。本书结合定性和定量分析方法，建立基于社会效益和企业利益均衡的次优差异化营销及定价模型，确定不同需求价格弹性客户群的单位营销投入变动取值范围，并提出可操作的营销和定价方法，为高速铁路实施差异化营销提供参考。

1.3 研究内容、方法与技术路线

1.3.1 研究内容

1.3.1.1 研究内容的逻辑性

拉姆齐理论是适用于多品种产品生产的非营利企业的一种定价方法。本书从产品细分和市场细分两方面着手，对拉姆齐次优理论在高速铁路定价中的应用进行研究，探讨了对高速铁路实施差别定价的方法。其中市场细分又分为时段市场细分和需求市场细分。产品细分是理论基础，时段市场细分和需求市场细分是对定价方法的进一步研究。研究内容之间的逻辑性如下：

首先，从产品细分入手，根据拉姆齐次优理论的基本原理，结合不同席别边际成本和客户需求实施差别定价，研究制定不同席别产品价格，提出高速铁路差别拉姆齐次优定价模型及实施方法。这部分内容是本书高速铁路定价方法的核心，目的是提供科学的基本定价方法，后续内容是在这部分成果的基础上进一步实施的研究。

其次，从时段市场细分入手，根据拉姆齐次优理论的高峰定价原理，结合高铁客运需求在时间上的分布规律，将运行期间划分不同时段进行差别定价，提出分时段差别拉姆齐次优定价模型及实施方法，研究进一步增加企业效益和社会总福利，提高定价的实施效果。这部分内容是对高速铁路定价方法的进一步完善和引申，为发挥高铁产品特性，提高定价的有效性做出贡献。

最后，从需求市场细分入手，根据拉姆齐次优理论的弹性定价原理，结合客户需求特征分析，针对不同客户群实施营销歧视，提出次优差异化营销与定价模型及实施方法。营销是定价的一个重要方面，根据需求细分进行差异化营销，在社会福利和企业利益均衡之间优化营销，并采取相应的定价方法，可以实现产出效率和经济利益的优化。这部分内容是从营销角度对高速铁路定价方法进行研究，为探讨高铁需求特征，提高定价的有效性做出贡献。

1.3.1.2 研究的具体内容

（1）根据高速铁路运输成本特征，以单位作业成本作为拉姆齐次优定价模型基础。不同席别的固定成本和期间费用采用客运量分担率分配计算，收入和支出之间存在严格对应关系，建立不同席别独立实现盈亏平衡的差别拉姆齐次优定价模型。

（2）通过对差别拉姆齐次优定价模型的分析，提出了不同弹性值下的拉姆齐指数取值区间和相应的定价方法。拓展了拉姆齐指数取值范围，形成了具体的定价方法。通过算例进行成本分析和需求弹性拟合，测算不同定价方法对企业利润和社会总福利的影响，验证模型的适用性。

（3）进一步完善差别拉姆齐次优定价模型，引入非贸易品影子价格确定 Lagrange 乘子，建立基于设计运能限制的差别拉姆齐统一定价模型。通过算例进行成本分析和需求弹性拟合，测算不同定价方案对企业利润和社会总福利的影响，验证模型的适用性。

（4）在基于设计运能限制的差别拉姆齐统一定价模型的基础上，引入非贸易品影子价格确定 Lagrange 乘子，建立基于设计运能限制和时长权重的高速铁路分时段定价模型。通过算例进行不同开行频次作业成本分析和需求弹性拟合，测算不同分时段定价方案企业利润和社会总福利的实施效果，并与统一定价方案对比，验证模型的适用性。

（5）结合定性和定量研究方法，建立基于高铁社会效益和企业利益均衡的不同客户群单位营销投入变动的优化取值与定价模型。分析单位营销投入变动和需求价格弹性之间的关系，测算不同客户群次优差异化营销的取值与定价方法，提出不同运营目标采取的不同营销与定价策略。通过算例验证模型的适用性。

1.3.2 研究方法

本书在阅读大量文献资料的基础上，借鉴国内外理论研究成果，以微观经济学的成本理论、弹性理论、市场理论、福利经济理论等为依据，采用理论和实例分析相结合、定量分析和定性分析相结合、类比分析和实物模拟相结合、统计分析法、比较分析法等方法，对基于拉姆齐次优理论的高速铁路定价方法进行了分析和探讨。

（1）理论分析和实例分析相结合。查阅国内外高速铁路建设及运营的相关资料，对高速铁路定价、成本计算及营销的现状、问题和方法等进行研究并建立模型，同时采用实际算例检验模型的适用性。

（2）定量分析和定性分析相结合。体现在各章节算例的分析中，数据分析采用定量分析方法，对结果的描述采用定性分析方法。

（3）类比分析和实物模拟相结合。成本计算参考《京包线集宁至包头段增建第二双线可行性研究》《京包线集宁至包头段增建第二双线工程基本技术方案》和其他高速铁路成本研究的相关资料，通过类比分析和实物模拟，研究高速铁路的综合运输成本。

（4）统计分析法。采用客流抽样日常调查，在高铁车站发放问卷，对呼包高速铁路运营现状进行调研，为需求函数拟合和需求弹性计算提供依据。采用 SPSS 20.0 软件拟合高峰期、非高峰期的需求函数，并计算需求价格弹性系数。

（5）比较分析法。在进行分时段定价方案分析时，通过与统一定价比较票价、利润、消费者剩余和社会总福利的实施效果，得出分时段定价方案更优的结论。

1.3.3 技术路线

本书在对准公共物品定价理论、次优定价理论、分时段差别定价理论、差异化营销理论、成本和需求弹性理论等相关文献进行整理的基础上，运用微积分数学方法推导建立差别拉姆齐次优定价模型、分时段差别拉姆齐次优定价模型和次优差异化营销与定价模型。实例分析中，首先，采用类比分析法和实物模拟法计算高速铁路不同开行频次的单位作业成本，从而确定边际成本；其次，采用SPSS20.0统计软件对问卷调查数据进行需求函数拟合，确定需求价格弹性系数；再次，将边际成本和需求价格弹性系数值代入模型，检验模型的适用性，调整确定定价模型；最后，确定差别拉姆齐次优定价模型及不同弹性值拉姆齐指数与定价方法，确定分时段次优定价模型及分时段乘子取值、定价方法和实施条件，确定次优差异化营销单位营销投入变动取值与定价模型，营销与定价方法及营销策略，形成基于拉姆齐次优理论的高速铁路定价方法，即模型体系和实施方案。具体的技术路线如图 1-1 所示。

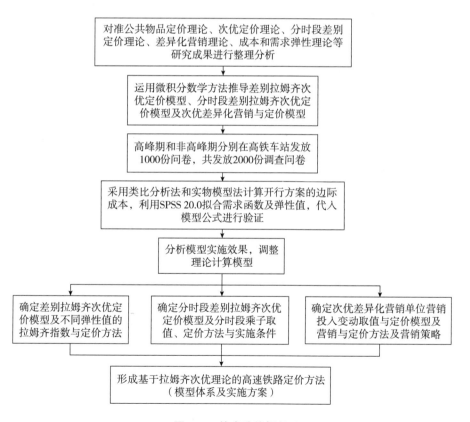

图 1-1 技术路线框架

1.4　本书章节安排

本书主要分 6 章展开论述，具体各章节的内容安排如下：

第 1 章，绪论。本章介绍了本书研究背景、研究意义，分析了国内外相关研究的技术现状。在此基础上，介绍了本书的研究内容、研究方法和技术路线。

第 2 章，次优定价理论相关研究综述。本章对高速铁路次优定价理论的相关研究进行了论述，内容包括准公共物品及次优定价理论的研究，交通运输领域次优定价理论、差别定价理论和差异化营销理论的相关研究，与拉姆齐模型相关的铁路运输成本研究和交通需求弹性研究等。

第 3 章，高速铁路差别拉姆齐次优定价模型及实例研究。本章建立了未考虑运能限制的基于作业成本的差别拉姆齐次优定价模型，在不同席别独立实现盈亏平衡的基础上，实现社会总福利的最大化。提出了不同弹性值下，拉姆齐指数取值及相应定价方法和合理定价判定方法。本章以呼包高速铁路为实例，对成本进行实物模拟和类比分析，结合问卷调查数据的需求价格弹性拟合值，对次优定价方案的实施效果进行了参数模拟，验证了模型的适用性。

第 4 章，高速铁路拉姆齐分时段次优定价模型及实例研究。本章建立了基于作业成本和时长权重的高速铁路分时段定价模型，在不同席别分时段独立实现盈亏平衡的基础上，实现社会总福利最大化。提出了分时段乘子取值、定价方案和实施条件。本章以呼包高速铁路为实例，通过测算不同开行频次的作业成本，结合高峰期和非高峰期问卷调查数据的需求弹性拟合值，对分时段定价方法的实施效果进行了参数模拟，验证了模型的适用性。

第 5 章，高速铁路次优差异化营销与定价模型及实例研究。本章建立了基于社会效益和企业利益均衡的次优差异化营销与定价模型，在对客户群进行市场细分的基础上，提出单位营销投入变动优化取值与定价模型、营销与定价方法和营销策略。本章以呼包高速铁路为实例,通过对调查问卷数据进行分类需求弹性拟合,测算不同客户群的单位营销投入变动取值与定价模型、营销与定价方法,并进行了单位营销投入变动和定价的敏感性分析,验证了模型的适用性。

第 6 章,结论与展望。本章对整体研究工作进行了总结,归纳了本书的主要创新点,并对研究的不足之处和需要进一步研究的问题进行了说明。

第 2 章
次优定价理论相关研究综述

由于纯公共物品和准公共物品的界限并不明确，因此可以将针对纯公共物品设计的理论和模型应用到准公共物品上。由于具有社会性和市场性双重属性，准公共物品的定价遵循次优理论。围绕公共物品理论和次优理论，经济学家对准公共物品定价进行了大量研究，形成了一系列次优定价理论。由于交通运输产品具有典型的准公共物品特性，学术界将次优定价理论应用到这一领域，并对次优定价方法进行了大量阐述。本章首先对准公共物品及次优理论，准公共物品定价方法的研究进行了论述。在此基础上，分三个方面对次优理论在交通运输领域的应用进行了论述，即次优定价理论的研究、分时段差别定价理论的研究和差异化营销理论的研究。其中，拉姆齐次优理论由于具有显著的市场均衡效用，在交通运输产品定价中发挥着积极作用，是理论界探讨较多的一种方法。由于边际成本和需求弹性是拉姆齐次优定价模型的重要组成部分，本章对铁路运输成本理论和交通需求弹性理论的相关研究也进行了论述。高速铁路次优定价理论相关研究综述如下。

2.1　准公共物品及次优定价理论的研究

2.1.1　准公共物品及次优理论的研究

公共经济学中将社会物品分为公共物品和私人物品。公共物品由英文

"Public Goods" 翻译而来。苏格兰哲学家 David Hume（1739）将公共物品定义为：公共物品不会对任何人产生突出利益，但对整个社会来讲是必不可少的，因此公共物品的生产必须通过联合行动来实现。美国经济学家 Samuelson（1954）对公共物品定义为：所谓纯粹的公共物品是这样的物品，即每个人消费这样的物品，不会导致别人对该物品的消费减少。公共物品同时满足非竞争性和非排他性。非竞争性是指更多人消费无须增加边际成本，或边际成本很小可以忽略不计，因而，某人消费某种商品并不妨碍其他人同时消费这一产品。非排他性是指无法对消费行为进行收费，或者收费会产生很高的成本，因而人们对某种商品不必支付价格就能消费。市场经济中绝大部分物品是私人物品。私人物品同时具有竞争性和排他性。竞争性是指让更多人消费私人产品会发生显著的边际成本，已经消费的给定数量的某种商品不能同时被他人消费。排他性是指必须支付价格才能消费这一商品，没有支付价格者被排除在消费范围以外。

现实生活中，同时满足非竞争性和非排他性的物品很少，绝大部分物品属于介于私人物品和公共物品之间的准公共物品。美国经济学家布坎南（1965）在其《俱乐部的经济理论》中将准公共物品称为"俱乐部产品"，是指在一定的会员规模内，会员之间不会产生排他性和竞争性，直到更多的会员加入超过某个临界值才会出现拥挤和竞争。准公共物品一般分两类：一类准公共物品偏重垄断性，具有非竞争性和不充分的排他性，其使用和消费局限在一定的地域中，其受益范围是有限的，如公共道路和公共桥梁；另一类准公共物品偏重竞争性，具有非排他性和不充分的竞争性，是公共的或是可以共用的，一个人的使用不能排斥其他人的使用。然而出于私益，准公共物品在消费上却可能存在着竞争，如教育产品。美国经济学家曼昆（1998）将仅具有非竞争性的物品称为自然垄断物品，将仅具有非排他性的物品称为共有资源物品。

大多数准公共物品属于自然垄断物品，这些行业的本质特征是成本的次加性，一家企业的生产成本小于多家企业生产的成本。Clarkson 和 Miller（1982）认为，自然垄断的基本特征是在一定范围内生产函数呈规模报酬递增状态，即生产规模越大，单位产品成本越小。由一个企业大规模生产，比几家较小企业同时生产更有效率。Masu Uekusa（1992）认为，自然垄断就是由于存在资源稀缺和规模经济效益、范围经济效益，使提高单一物品和服务的企业形成一家的概率极高。徐华（1999）认为，自然垄断发生在一个企业集中生产某种产品并供应整个市场比多个企业一起生产该种产品取得更低成本的场合。

准公共物品由于具有社会性和市场性双重属性，其定价遵循次优理论。社会福利最优理论的本质是兼顾效率和公平。其中，消费者效用最大化和生产者利润最大化是社会福利最优的必要条件，是帕累托最优状态的理论依据，又称为经济效率；合理分配社会收入是社会福利最优的充分条件，是以伯格森、萨缪尔森等为代表的社会福利函数派的理论依据，又称为社会公平。只有同时解决效率和公平问题，才能达到社会福利最优的唯一状态。经济学家 R. G. Lipsey 和 K. Lancaster（1956）却证明，当一般均衡体系中存在某些情况使帕累托最优的某些条件没有满足时，即使微观经济政策成功地弥补了现实和假设条件之间的差异，仍然不能保证帕累托最优的实现，从而创立了次优理论。

2.1.2 准公共物品次优定价方法的研究

关于准公共物品定价方法的研究总体可分为三类：以社会效益最大化为目标定价、以企业利益最大化为目标定价、基于社会效益和企业利益目标均衡定价，即次优定价。

基于社会效益最大化的目标定价是社会福利最大化。基本模式是采用边际成本法定价，当价格等于边际成本即 P = MC 时社会效率最优。但是边际成本定价形成的亏损须由政府进行补贴。Hotelling（1938）主张公共物品应按边际成本定价法定价，边际成本定价法不仅适用于成本递增行业，而且适用于成本递减行业。其中占总成本份额很大的固定成本，可以由各种税收予以支付。Hall Robert E.（1988）通过投入和产出的数据分析，揭示了价格和边际成本的关系，结果发现相比产出变量，周期性的投入变量小。经济繁荣时，产出多且价格超过了额外投入。边际成本是从每年的成本变量中估计出来的。

基于企业利益最大化的目标是利润最大化或股东利益最大化。基本模式是根据利润的经济学定义，以收回全部成本为基础定价，或者在成本基础上考虑一定的利润率或回报定价，定价公式可总结为：运输价格＝运输价值＝生产成本＋要求回报。基本原理是根据福利经济学的厂商理论，在 MR＝MC 均衡下定价。定价方法主要有平均成本定价法、FDC（Fully Distributed Cost）定价法、两部定价法、成本加成定价法、投资回报率定价法和盈亏平衡定价法等，目的就是使产品价格能弥补产品的生产成本，超过边际成本部分由消费者承担，而不是由政府税收补贴。具体理论研究如下。

平均成本定价法是在市场需求曲线和厂商平均成本曲线给定的条件下，由两条曲线的交点来确定产品价格的方法，其实质是盈亏平衡定价。通常以某一时期的运输量为前提，计算出完成这些运输量的总成本下的平均成本，作为定价依据，此时定价大于边际成本，获得经济利润；FDC 定价法是指在测算单项网络服务成本时，将全部网络运营的共同成本按照一定比例分摊后所形成的成本，主要目的是使企业收入足以弥补成本；两部定价法是一种非线性定价方法，将价格分为固定费和从量费两个部分，本质是二级价格歧视。固定费按通常情况下消费者人数计算的平均固定成本来定，这部分费用与消费数量无关。从量费按边际成本等于边际收入的原则来定，与消费数量直接相关；成本加成定价法是用单位产品成本加上预期利润作为售价，一般是在行业平均成本基础上，考虑一定的行业利润率来定价；投资回报率定价法是指以单位全部成本加预期投资回报率计算的利润额来确定目标价格的一种方法；盈亏平衡定价法也叫保本定价法，是指在已知固定成本和变动成本的条件下，利用企业收支相抵、利润为零、达到盈亏平衡销量时的价格定价方法。

次优定价方法是基于社会效益和企业利益目标均衡，在 MR 和 MC 之间的定价。准公共物品定价要满足两个原则。一方面要发挥社会效益，满足社会福利的需要，定价不能过高；另一方面还要发挥市场作用，满足企业利益需要，定价要尽可能地为企业创造利润。因此，定价既要遵循效率原则，又要遵循合理原则。实际工作中，企业多数情况下是考虑社会效益和企业利益目标均衡定价。定价方法主要有拉姆齐定价法、系统动力学定价法、均衡定价法、差别定价法、收益管理理论和博弈论定价法等。具体理论研究如下。

拉姆齐定价实质是在边际成本基础上加入需求弹性，将企业成本和社会需求有机结合，寻求介于社会目标和企业目标之间的合理定价，即次优定价法。剑桥大学 Ramsey（1927）考虑如何制定价格在达到一个最低税收收入前提下最小化社会总福利损失的问题，由此归纳出 Ramsey 法则：为了最小化税收带来的超额负担，税率应设定在与每种商品因税收带来的需求量减少比例相等的水平上。Baumol 等（1970）深化了 Ramsey 次优定价理论，以一个应用边际成本定价而导致财政赤字的公司为案例，把拉姆齐原则从追求税收最大化扩展到次优定价原则。此后又进一步深化了这一理论，认为在固定成本很高的自然垄断行业，拉姆齐定价可以阻止对这个行业的无效进入。拉姆齐原则是关于多种产品的定价原则，因此可应用于多种交通定价。Boiteux（1971）提出拉姆塞—博伊塔克反弹性规则（Ramsey-Boitex Inverse Elasticity Rule）。Ramsey 定价的含义为价格在边际成本上的加成同价格需求弹性的倒数成比例，即 $(P_i - MC_i)/P_i = (1 + \lambda)/\lambda\varepsilon_{Pi}$。

理论界还探讨基于各方利益和不同消费者意愿的定价模式，在满足各方利益的基础上实现收益或利润最大化。系统动力学（System Dynamics）由美国麻省理工学院 Jay. W. Forrester（1956）始创，是利用系统结构、各环节的因果关系和反馈回路建立综合模型，通过仿真方法求解系统性能的一种理论。系统动力学定价是一种基于各方利益最优化的定价方法。法国经济学家瓦尔拉斯（1874）在《纯粹经济学要义》中创立了一般均衡理论，认为整个经济体系处于均衡状态时，所有消费品和生产要素的价格将有一个确定的均衡量。英国经济学家马歇尔（1890）在《经济学原理》中，以英国古典经济学中生产费用论为基础，建立了均衡价格理论，认为商品的市场价格决定于供需双方的均衡力量。差别定价法针对不同客户的消费意愿和属性进行客户市场细分，进行目标市场定位，不同类别客户制定不同的价格，实现满足消费需求下的收益最大化。收益管理方法是从价格控制角度实施的管理方式，其核心是差别定价，就是根据客户不同的需求特征和价格弹性向客户执行不同价格标准。主要分为票价差异价格管理和座位控制两个方面。博弈论（Game Theory）定价是基于各利益方的合作竞争关系，均衡各方利益，同时达到最优化的定价方法。合作博弈常用模型为斯塔克伯格模型和波特兰德寡头模型，通过约束性协议使个体利润最大化的同时达到联盟总体利益最大化目标；非合作博弈中的纳什均衡常用来描述多种运输方式间或同种运输方式的不同承运人之间的市场竞争，通过调整各自营销策略达到利润最大或成本最小的目标。

关于其他次优定价理论有社会性和市场性均衡的论述、企业社会责任的论述等。王俊豪（2001）指出，当政府要求被管制企业以合理的投资回报率作为定价标准时，应避免出现生产效率过低的"A-J效应"。孙钰（2003）提出用社会边际成本解决公共品定价问题。社会边际成本=边际成本+社会成本。其中社会边际成本中的"边际成本"包括两部分：一是投资者在生产建设中实际发生的边际成本，二是以公共品的平均效用价值为依据确定的边际成本。任俊生（2004）认为，由于垄断行业具有特殊的技术经济特征，其价格形成和运动具有明显特殊性，在政府管制下形成的价格监督的内容和方式也要与竞争性产品区别对待。周勤、余晖（2006）指出在社会经济转型期，政府无法形成社会各个利益集团均能接受的价格均衡机制，因而必须改变原有的管制路径，将市场竞争、价格与公共产品经营权拍卖相结合。Francis（2009）分析了企业承担的社会责任和经济责任的含义和区别，社会责任在市场运行中发挥着潜在的巨大作用。Gregory E.（2012）分析了两部定价社会责任模型。上游生产者和下游批发商都有责任在获利之外提高终端消费者的福利。

2.2　交通运输领域次优定价理论的研究

高速铁路产品具有显著的公益性，发挥社会福利作用是其定价需考虑的重要方面。此外，由于外部性、信息失真等的影响，客观上存在市场失灵，其定价势必要考虑社会性。当高速铁路产品兼顾社会福利最大化目标时，以各方利益均衡为基础定价，即次优定价。次优定价不再单独以边际成本为考虑因素，将成本范围扩大到广义成本，同时考虑旅客出行行为、市场竞争因素、供需关系等，寻求运输成本和旅客需求之间的均衡。高速铁路次优定价方法主要有：拉姆齐定价法、广义成本定价法、供需均衡定价法、博弈论定价法、多层规划定价法、系统动力学定价法、差别定价法和收益管理方法等。

由于拉姆齐理论较好地体现了准公共物品的特征，国内外研究将这种方法应用于交通运输产品定价，主要是结合成本和弹性理论等对拉姆齐模型的进一步推导，以及对拉姆齐指数取值的分析。Baumol 等（1970）认为，拉姆齐原则是关于多种产品的定价原则，因此可应用于多种交通定价。Damus（1984）对拉姆齐定价在道路方面的存在性进行分析，并对拉姆齐模型进行了进一步推导。Braeutigam（1989）阐述了垄断性质工业企业通过拉姆齐定价实现企业收益最大化或福利最大化的定价机制。Jorgensen 等（2004）发展了一种拉姆齐成本模型，能估计不同交通运输工具的长期边际成本是怎样与运距相关的。实证分析表明，票价基于经济福利总体原则，在现有财政限制下，短途低票价，长途高票价。赵良杰等（2005）提出，采用拉姆齐定价模型和"高峰负荷定价法"确定介于边际成本和盈亏平衡间的最优定价。Zhang Ying 等（2008）指出，由于所有固定成本都被看成来源于同一种服务，通过对所有服务的收费来回收成本，即在某一种服务的成本和价格间不存在严格的对应关系，因此，拉姆齐定价模型的缺点实质是一种价格歧视，对不同消费者难以实现真正公平。曾国红等（2013）认为，铁路部门作为公共交通资源的一部分，可利用拉姆齐定价原则来优化运价，拉姆齐价格指数 α 在 [0，1] 区间取值。Lei Zhang 等（2014）应用实例研究了基于拉姆齐模式的弹性定价模型，指出铁路合理定价可获得公共利益和经济利益双重利益。

国外关于其他次优定价理论的研究，主要有探索成本及均衡定价理论、效用函数定价理论、博弈定价理论和收益管理定价理论等。

成本及均衡定价理论研究考虑广义成本和外部效应定价，以及不同成本定价法均衡结构下的福利效果。经济学家 Vickrey（1955）认识到单以边际成本定价是不够准确的，提出对公共交通定价应考虑广义成本和外部效应双重指标。受此启发，Mohring（1975）建立了一个相对简单模型：在总资源消耗最小的前提下，广义成本 R 表示为：$R = P + P_v T_v + P_w T_w + r_i$，包括固定费用和可变费用两部分。固定费用就是基本票价，可变费用包括乘车价值和等车成本。Deb 等（2011）对比了印度交通运输部分均衡结构中，平均成本定价、边际成本定价和两部定价的福利效果。与现行定价相比，三种定价的估计部分均衡价格都较高，结果消费者剩余下降。与边际成本定价和两部定价相比，平均成本定价价格增加更大，因此需求和消费者剩余下降更大，边际成本定价和两部定价获得经济效益。

效用函数定价理论研究将乘客对于运输的偏好作为自变量来分析效用，再根据效用来确定运价。Sten Nybery（1933）根据效用函数理论建立了一种分析最优运输价格的数学模型，主要将乘客对于运输的期望值或者偏好作为自变量来分析效用，再根据效用来确定运价。这一理论讨论了完全垄断和完全竞争条件下运价的变化，但没有明确指出在实际中如何测算偏好或期望值。Dieter Bos（1994）在《价格与价格规范》一书中将公共运输企业的运价分为两类：一是标准型，将运输服务质量和运价作为效用函数的影响因素，再对总效用函数求导计算出最优运价。二是正向理论，将运输量和运价作为影响效用的两个因素，再对所有运输企业的效用函数组成的总效用函数求导得到理想价格。虽然这两种方法都以社会福利最大化为目标，但实际的总效用函数却很难表达。

博弈定价理论通过研究高速铁路与其他运输方式的竞争关系构建博弈模型，分析不同假设条件下的社会效益，讨论模型的实施效果。Chung Wen Hsu 等（2010）研究了台北至高雄间高速铁路与普通铁路间的竞争关系。通过线性城市模型（Linear City）的假设，简化了旅客旅行费用的计算方式，随后采用双重定价机制，构建了一个博弈模型，应用启发式算法为纳什均衡的求解算法，提出了高铁票价制定的优化策略。Nicole Adier 等（2010）运用航空运输客流均衡模型，建立了欧洲航空旅客运输网络（Trans—European Networks）的空铁竞争博弈模型，将目标函数设定为整体社会效益最大化，分别分析了不同假设条件下的社会效益。

收益管理定价理论主要以差别定价理论为基础，从价格角度研究如何增加企业收益。有的学者还从价格关于成本变化的黏性理论角度，与贸易一致的 SCGE 模型角度探讨定价模式。Bharill 等（2008）依据印度铁路消费者等待理论和取消行为阐述了超订策略，努力推导不同模式选择的铁路内部估计弹性，最终建议采用不同定价的收益管理手段增加平均收益。Cabrall 等（2012）发展了价格关于成本变化的黏性理论模型，假设买方不知道卖方成本，但知道成本变化与卖方直接相关。在均衡中，价格变化会导致消费者需求变化，而且价格下降传达的信号不同于价格上涨传达的信号，存在价格调整的非对称性。Asao Ando 等（2014）提出一种与贸易一致的 SCGE 模型，结构与 Armington 假设相容，明确考虑了交通运输活动。模型中的贸易系数为一种潜在函数形式，均衡市价与多种商品的价格指数相似。模型可被描述为一个齐次方程系统，一个地区的一种产量可以类似地采用 Walrasian 均衡价格。

国内基于成本、供求和竞争等综合因素，集中于对动态及收益管理定价、竞争博弈定价、多层规划定价、盈亏平衡定价、考虑收益性和社会性的综合定价等的研究。

动态及收益管理定价研究动态价格和收益管理理论在定价中的应用，通过价格和存量控制等，制定灵活的定价模式，提高上座率和企业收益。You Yifeng 与 Bai Chunxiao（2000）就不断变化的价格情形提出了时间连续的、多级票价结构的动态定价模型，指出这种不断变化的价格策略有利于收入与利润的增加。此外还证明动态定价中最优价格仅能从给定价格集的子集中取得，即最大凹向包络理论。Gao Jijiang（2001）指出，铁路定价应采用联合定价和区域运输价格，尽可能地建立类似"优质优价"、浮动价格、合同价格、季节性价格、适应铁路型号定价等灵活价格模式，这样才能参与日趋激烈的竞争市场。张秀敏（2002）阐述了我国旅客运输领域引入航空业收益管理方法，在动态定价和存量控制方面应用最大凹向包络理论和 EMSR 票价动态控制方法解决票价折扣销售和增加收益的问题。Sun Xiqing 等（2012）探讨了动态定价在初期的控制和运营中的稳定的方法和步骤，提出铁路动态票价控制和销售的二分法和实施步骤，在淡季动态价格控制和票价折扣等相关措施，以提高上座率并实现运输利益最大化。Jiang Xiushan 等（2015）提出一种动态调整高铁客票分配的系统收益管理，其优点是将动态票价分配和严格的乘客短期需求结合，有效地避免了既有空座位又有客票不足的状况，收入增加了 13.5%。Logit 模型定价基于分散选择理论和动态定价理论，研究如何提高企业利润。Bian Chang-zhi

等（2010）提出基于分散选择理论的巢式 Logit 拆分模型，分析了客流和票价的关系，发展了利润函数。数据结果表明，巢式 Logit 拆分模型和 Logit 模型均衡结果不同，Logit 模型给运营者带来更多利润。Ruiwei Chen（2012）借助 Box-Cox 变换 Logit 模型，介绍了一种客运专线动态定价方法的多极模型，建议了车票数量和票价折扣数量。模型以京沪客运专线 Matlab 模拟验证。结果表明动态定价可以吸引更多乘客，最终提高铁路系统收入。

竞争博弈定价结合博弈论和离散选择理论研究不同运输方式的竞争博弈模型，分析在竞争定价博弈中客流和收益的变化。Jia Wang 等（2011）提供了一种基于博弈理论的城际公交和铁路通勤之间定价模型。实例表明当城际铁路运行时，城际公交部门失去了市场。Chen Hao 等（2011）指出，高速铁路定价应考虑私人汽车是其主要竞争者。研究了当前定价机制和中短途私人汽车的平均支出，建立了基于家庭私人汽车平均路途支出的定价机制并证明了合理性。Luan Weixin 等（2012）采用 Stackelberg 博弈模型，描述了高速铁路和航空运输定价程序，建立了基于敏感性分析的启发式算法模型并指出均衡定价范围，分析了在竞争定价博弈中双方客流和收益变化。王睿明（2013）结合博弈论和离散选择理论建立了适用于我国国情的空铁竞争博弈模型，考虑了政府决策对空铁竞争的影响，并在各博弈方得益基础上定义了社会福利函数。Rui Zhang 等（2015）提供了一种两极博弈模型模拟由高铁和航空运输主导的客运市场，在运营者和旅客之间的动态作用被描述为 Stakelberg 博弈。采用基于敏感性分析的启发式算法求解，结果表明模型可以很好地模拟交通运营和乘客的动态作用。

多层规划定价探讨基于各方利益最优化的定价方法，通过各方相互作用求出平衡点确定合理定价。戚宇杰（2005）提出一种基于各方利益最优化的定价方法，通过仿真模拟测算未来年度的合理运价。模型由目标运价和设定运价组成，其中目标运价由各年单位运输成本加上一定的利润确定，设定运价由居民旅行支付能力和客运专线竞争对手民航、高速公路等的票价确定。徐冰（2007）描述了一种双层规划模型，存在一个平衡点即最优解同时满足上层规划和下层规划目标。上层规划（U）描述为铁路客运企业在兼顾资金约束、成本和市场需求的条件下制订合理的票价方案，以保证铁路客运企业经济效益最大化；下层规划（L）描述在多种交通方式竞争条件下，旅客对不同运输方式的选择模式，其目标是使每个出行者的广义费用最小。Si M. A. 等（2011）采用随机用户均衡方法将乘客分为三类。中层为不同弹性需求规划模型，底层为不同交通运输产品规划模型，顶层为基于中层和底层的铁路收入最大化模型。中层和底层模型采用连续平均法（MSA）求解，总体三层规划模型采用粒子群优化法解决。结果表明，优化价格下高铁客运专线会吸引更多的旅客。Shubin Li 等（2014）提出铁路客票定价的两级程序模型。首先建立了代表多级、多路径成本和多标准的变分法低级模型，然后建立了以铁路总收入最大化为目标的高级模型，还设计了解决两级程序模型动态算法的混合修正方案。结果表明定价机制是合理的。

盈亏平衡定价考虑时间价值构建净现值定价模型，使盈亏平衡定价法更为科学，改进了高速铁路客运项目投资分析的理念和方法。丁慧平等（2012）对基于资本属性及回报要求的高速铁路客运投资进行了分析，运用净现值盈亏平衡分析针对高速铁路客运项目投资分析的理念和方法提出了更新和改进。王茜（2012）根据西方经济学影子价格原理，采用生产法和收入法，进一步构建了基于盈亏平衡的项目投资净现值（NPV）定价模型。旅客时间价值是指由于时间的非生产性消耗造成的效益损失量和由于时间的推移而产生效益增值量的货币表现。不同旅客在不同路线、不同出行目的和不同的交通方式上获得不同的时间价值。

考虑社会公益性和企业经营性等多种因素定价，是对影响定价的多种因素的综合研究。王修华（2008）提出了一种包括社会公益性和企业经营性等多因素的综合定价理论。研究指出，铁路客运票价制定应考虑客运专线的社会效益，出行者的承受能力，以及投资者利益。制定票价应以运输价值、运输成本、旅客出行边际价格等为基础。黎明（2011）提出高速铁路定价三项原则，即遵守廉价运输原则、尊重公共道路产业价值规律、遵守"收益靠运量，运量靠运价"原则，指出应设立灵活的票价形成机制，增加高铁运量，从而提高投资回报率。Liu Huilin 等（2007）分析了铁路定价的运则和运输成本的影响因素，即运输成本因素、企业竞争因素和社会综合收益因素等。描述了三种基本定价方法，即基于成本定价、基于需求定价和基于竞争定价。最后描述了一种运用层次分析法进行铁路定价的模型。

此外，学者们还探讨从时间效用视角考虑的定价方法，从铁路部门和消费者回报最大化的选择理论考虑的定价方法，及采用随机效用理论、层次分析法去解决定价问题等。Zeng Jin 等（2009）从如何获得客运专线收益最大化角度改进定价方法，以时间效用损失来平衡消费者差异，建立了时间效用视角考虑的定价方法。Feng Fenling 等（2012）用二叉树价格，建立基于铁路部门和消费者回报最大化的选择理论的铁路定价模型，由此回避了价格波动的风险。Shi Ying 等（2012）提供了一种指导市场经济条件下交通定价的模型，推断了影响价格弹性的多种因素，可以计算不同地区、不同阶层的价格弹性，预测不同的交通量。Zeng Jin 等（2012）考虑基于旅行时间评估的票价理论。以京沪线为例计算票价并分析了对未来的合理性，指出客运票价制定的合理基础。Jia Weichen 等（2015）建立了城际铁路票价率的函数，采用随机效用理论解决城际铁路乘客占有率，运用层次分析法解决随机效用权重，当函数取最大值时可以获得最优价格。

2.3　交通运输领域分时段差别定价理论的研究

国外交通运输分时段差别定价理论的研究主要集中在根据不同时段定价目标进行定价改进、成本和收益分析及分时段定价的实施效果上。

针对不同时段定价目标进行定价是理论研究的重要内容。Masu Uekusa（1992）阐述了具备高峰负荷的产业在无规制条件下以福利最大化为目标的定价问题。Daniel V.（2002）通过对荷兰铁路实证，建立了铁路优化票价理论与实际需求，边际成本与弹性票价之间的联系。Ramsey 系数的确定表明，高峰时段铁路票价制定目标是社会福利最大化，而非高峰时段的目标是经济效益最大化。非高峰市场的价格弹性意味较低的票价带来帕累托改进，针对高峰时段和非高峰时段的弹性差异可以进行定价改进。

学者们对不同时段成本和收益情况进行了深入的分析。Williamson Q. E.（1966）指出，高峰负荷定价是边际成本的特殊情况，高峰和低峰需求的时间段是不相等的。Borger B. D.（1998）在考虑所有相关外部因素前提下，研究了城市交通服务价格和供给的组合优化问题，通过利用价格和供给规律，给出了一个理论模型来标定不同情形下运输服务的边际成本，并以比利时某地区为例进行实证研究。Luis A. Guzman（2014）研究了城市交通高峰期与非高峰期动态交通政策的长期优化设计，采用用地与交通相互影响模型（LUTI）的长期评估方法，通过成本效益分析来衡量实施 LUTI 动态决策所产生的社会福利，然后通过优化程序使其达到最大化。Hetrakul（2014）考虑了铁路动态票价和座位分配两方面，引用 Logit 模型，提出了时变需求的铁路票价优化和座位合理分配方法，提高铁路部门收益，降低出行者成本。

关于分时段定价实施效果的研究，主要是探讨其对于调节客流量，获得更多市场份额及优化企业利益和社会效率的影响。Glaister 等（1978）建立了著名的 Glaister-Lewi 模型，通过实证分析交通运输系统，用定量方法证明了高峰期和非高峰期不同交通运输方式采用次优定价，即较低价格定价的有效性，说明政府补贴是必要的。Braeutigam（1989）阐述了垄断性工业企业通过差别定价实现企业收益最大化或福利最大化的定价机制。Bianchi R.（1998）在研究圣地亚哥地铁定价时，提出空间票价差异会导致地铁设施大部分时间不能发挥其作用。为缓解高峰时段客流量，从出行者角度建立分时段定价策略，并通过问卷调查形式验证了方案的可行性。Tokayochi（2007）指出，日本与韩国高铁根据乘客需求不同采取不同的票价策略，使全部车票得以售出，达到效率最优化。Oskar Froidh（2008）认为，高速铁路采取收益管理定价方法可以获得更多市场份额，低票价能吸引更多对票价敏感的旅行者。

国内交通领域差别定价的研究集中在不同时段定价的原则、客流特征、时段权重的确定、差别定价模型的完善与实施效果等内容。研究主要分为两类。

一类研究侧重于研究分时段定价原则，分段计价合理性，以及降低高峰期和低谷的运量差距，根据不同需求弹性进行定价的方案。方晓平等（2000）认为，在淡季使用竞争性价格策略，可以加大刺激幅度，取得显著效果，保持基本价格稳定。赵良杰等（2005）用计量经济学方法确定了拉姆齐分段计程制运价方案。于良春等（2006）提出规制目标兼顾社会福利最大化和企业利益的定价原则，指出高峰期定价基础是高峰期设备利用率、经成本超标率加成的边际作业费、需求弹性和企业利益在政府决策中占据分量等。Zhang Ying 等（2008）认为，作为一种公共事业，铁路部门应努力降低高峰期和低谷的运量差距。通过对铁路客运高峰时段运营成本分析，建立了以盈亏平衡为基础的消费者剩余计算数学模型，为铁路高峰定价提供了一种实际方法。钱春燕等（2010）论证了按淡季、旺季细分市场需求弹性来实施差别价格的合理性，分析表明在一定条件下实行差别定价能增加铁路客运收入，提高经济效益。郑鹏杰（2015）将设计 Frank - Wolfe 算法和遗传算法相结合，建立铁路部门收益最大化和出行者效用成本最低的双层规划模型，对弹性需求条件下城际铁路时段定价问题进行了研究。结果表明，不同时段票价优化后客流分配较为均匀，旅客出行成本达到最低，城际铁路部门收益最大。

另一类研究侧重于研究更为具体的分时段特征、时段权重的确定、不同需求函数的成本和收益及差别定价模型的完善，探讨高铁在高峰期与非高峰期的票价区间，解决方案的可操作性。王烈等（2004）以边际成本定价为依据，建立了两种需求函数的成本和收益都由需求在整个周期内持续时间比例加权的社会福利最大化定价模型。Zhang Hongliang 等（2009）以航空运输总旅行成本为标准，推导了铁路远距离乘客票价公式，通过计算京广客运专线票价，为夜行火车和日行火车提供了合理定价范围。夜行火车票价比日行票价高 10%。夜行火车票价是当前动车票价的 1.5～2.8 倍。李艳杰（2011）实证分析了拉姆齐模型在城市轨道交通定价中的应用，指出拉姆齐定价主要是利用了拥挤理论，根据不同市场上乘客对票价的敏感性不同定价。王健等（2012）根据城市轨道交通不同时段的客流特点，引入时间权重系数，对基于收支平衡的社会福利最大化高峰定价模型进行了改进。曾国红等（2013）根据价格优化目标的不同，论述了运输企业期望收益最大化和社会福利最大化两种不同的差别定价模型，分析了铁路旅客运输边际成本的差异，日间高峰期与非高峰期及季节高峰期与非高峰期应用差别定价方法的适用条件。陈小军、林晓言（2013）通过考虑时间价值参照点的模型，研究了中国铁路客运服务实行差别定价的问题。结果表明，由于旅客时间价值参照点存在异质性，当铁路旅客需求足够大时，铁路企业实施差别定价获得的收益不一定优于单一定价，因此该策略的实施还需根据具体旅客需求数量进行动态调整。张岚、朱连华等（2014）以民航与高铁竞争为背景，考虑不同交通工具服务特性，建立广义费用函数。结合 Logit 模型，分析客票收入、客流分担率和票价之间的关系，进而在铁路收入最大化基础上，建立浮动定价模型，用逐步逼近法确定客流高峰期与非高峰期的票价浮动区间。

2.4　交通运输领域差异化营销理论的研究

国外交通运输差异化营销的研究集中于对客户市场细分、客户关系管理（Customer Relationship Management）模式和企业差异化营销模型的理论探索。

市场细分理论和 STP 战略是差异化营销理论研究的基础。20 世纪 50 年代，Wendel R. Smith 提出了市场细分理论，通过市场细分，对各个分市场进行战略定位，实施相应的营销策略。20 世纪 90 年代，Philip Kotler 提出了 STP 战略，即通过市场细分（Segmentation）、目标市场选择（Targeting）和产品定位（Positioning）的一系列流程，实施营销策略。

在市场细分的基础上，理论界进一步研究发展客户关系，识别顾客价值，获得最大经济效益的营销模式，探讨建立基于需求弹性和需求估计等的多种差异化营销模型。Shultz（1995）通过对持续营销的研究提出其最终目的是维系客户，发展长期关系，提高客户忠诚度，创造双方的关系价值和获得最大经济收益。1999 年，Peppers 和 Don 等（1999）就一对一营销问题进行了探讨，提出了以识别客户、市场细分、营销策略定制化为基础的客户关系管理模式（CRM）。Adrian P.（2005）就营销问题进行探讨，进一步提出建立识别客户、市场细分的客户关系管理营销模式。Naguray A.（2002）提出了基于需求弹性的多极交通网络营销均衡模型。George A.（2006）分析了需求估计从原来的规则有助于解释后续创新和评估，在这一意义上，可靠性的需求估计数可以作为一种营销工具。Dai Nakagawa 等（2007）对日本高速铁路建设、北部新干线通道最近状态及其完成方式进行了再评估，通过详细的收益—成本分析，表明随着铁路运行速度增加，通过日本中部区的客流量明显增加，产生了重要需求，增加了用户收益。

国内交通运输差异化营销的研究较少，基本集中于对客户关系管理（CRM）理论应用的探讨上，关于营销模型及运营模式的构建、需求量预测与营销战略的相关性等内容的讨论，没有建立适用的差异化营销模型。研究主要分为两类。

一类研究侧重于通过客户关系管理提高铁路运营收益，结合收益管理理论、价格歧视理论、次优理论等建立差异化营销模型，采用多种营销手段提高铁路运营收益。吴泗宗（2008）等研究了基于价值链的客户管理关系的基本模式。王涛（2011）提出采用收益管理模式，通过确定最优价格和最佳存量分配的动态定价营销体系，增加企业收益，提高社会福利。王韬等（2013）阐述了客户关系管理系统下，基于企业收益和社会总福利均衡的营销投入取值区间，但没有计算取值结果并提出营销方案。谢俊楠（2015）以价格歧视理论为依据探索建立高铁动态定价营销体系，提出采用非线性定价（又称为数量折扣），峰值定价和搭配销售等多种形式提高高铁运营收益。

另一类研究侧重于发挥营销要素的作用，改进运营计划和营销战略，更好地满足乘客运输需求。Rong Hua 等（2010）分析了不同条件下长途乘客的组织模式选择问题，建立了一种成本函数，为铁路运营决定提供支持。Pan Hongmei（2012）分析了旅游专列的组织和运营现状，建议通过改进硬件设施，加强与当地旅游部门合作，整合和优化资源等优化铁路运营计划。柏龑（2013）指出，我们所有的营销行为，都会引起市场上的一些变化，最终导致消费者购买行为变化。企业希望快速打开市场，就要找到一个投入最少、收益最大的弹性营销要素并正确运用。Lin Wang 等（2014）基于高铁车站开行高铁和普通列车的情况下，分析了客流线路设施容量的计算方法和每种设施瞬时高密度的适应性和兼容性，确定了关键设备的服务水平和设备适用的评估指数系统。Si Ma 等（2015）运用灰色综合评价方法，采用分解模型计算高铁分担率，建立了服务水平指标体系。提出交通运输企业应设计基于市场和自身需求的产品，采用折扣票价，调整旅行时间，以提高客运产品的适用性。Wenyu Rong 等（2015）预测了一种基于灰色关系分析（GRA）理论的非线性回归预测模型，通过计算乘客需求和影响因素之间的相关性，最终预测高铁客运需求量。

2.5　铁路运输成本理论的研究

国外关于铁路成本的研究较早，主要是针对成本函数和成本数学模型的研究，作业成本管理方法的研究，以及综合运输成本构成的研究等。内容大致可分为以下两类。

一类研究是针对成本函数和成本数学模型的讨论。铁路成本函数最初被认为是线性函数，虽然在很大范围内进行了使用，但也造成较大争议。Harris（1971）发现成本函数在成本计算方面有一定缺陷，单位成本会受平均运距和平均净载重影响。Keeler（1974）借鉴微观经济学推导出长期成本函数。Christensen（1980）提出了对数成本函数。Shaw‐Er Wang（2006）运用时间序列法处理月度数据得出短期边际成本函数，利用它对中国台湾高铁规模经济和范围经济进行了讨论，反映了高铁运输成本结构和利润增加的关系。

另一类研究是针对作业成本管理方法应用，以及综合运输成本构成的分析，指出作业成本法在铁路运输成本中的重要作用，综合运输成本应考虑外部性等多种因素等。Eric Kohler（1952）提出作业、作业账户、作业会计等概念。George J. Staubus（1971）对"作业""成本""作业会计""作业投入产出系统"等概念进行系统阐述。Robert Kaplan（1987）和Robin Cooper（1988）正式提出了作业成本法（Activities—Based Cost Method），即 ABC 法。该方法认为产品成本均是变动的，可根据单位作业成本对成本加以控制。1992 年美国运输协会联合六大运输公司制定了"标准铁路运输成本计算系统"，标志着作业成本法成为铁路运输成本计算的正式标准。A. Amershi 等（1990）通过研究得出基于作业的单位成本在最优定价决策中的重要经济价值。植草益（1992）阐述了铁路总成本分为作业费和固定费，总成本 $C = CE(Q) + CK(R)$，其中 R 为生产能力大小。R. D. Banker 等（1994）在其基础上考虑了超标作业成本可能存在的两种情况，给出了不含固定成本的基于作业成本的随机成本模型；同时考虑存在时差不确定因素将对预期需求产生影响，给出了线性需求函数表达式，并得出了基于作业的最优定价决策模型。Kenneth Button（1997）在其著作《运输经济学原理》中将运输成本分为固定设备成本、移动设备成本和运营成本，并从网络经济特性角度对运输成本问题进行研究。C. Nash 等（2005）分析了估计道路交通边际成本的研究现状，通过实例分析表明交通运输成本应考虑外部性，考虑社会边际成本，如拥挤成本、交通事故成本、正常磨损成本和噪声成本等。

国内关于成本问题的研究涵盖了许多方面，主要是铁路作业成本计算方法、运营成本和综合运输成本，结合成本计算对票价制定或者对降低运输成本提出建议性措施等的研究。

由于铁路运输产品具有作业环节多样，成本动因复杂等特点，更适于以"作业"为中心分配资源，因此中国铁路借鉴北美铁路成本计算的先进思想和方法，不断优化铁路成本计算方法。1987 年原铁道部《铁路运输成本管理办法》中规定，"全路、各铁路局、各铁路分局根据经营管理需要，应计算分线运输成本、作业成本"。2001 年《铁路运输企业成本费用管理核算规程》将运营成本分为线路及建筑物、设备、运输和其他四类，提出了变动成本法、作业成本法、回归分析法、工程模型法等的研究和应用要求。1998~2003 年，科研人员面向铁路运输市场化经营目标，通过对铁路运输生产过程的主要环节、作业及其支出对应关系的全面研究分析，首次系统建立了我国铁路作业成本计算方法体系，又称"点到点成本计算系统"。

理论界对作业成本法下的运营成本和综合运输成本构成进行了分析，并提出相关管理措施。叶薇（2002）采用高速铁路作业成本计算法，参考现有铁路运营支出科目的设置，设计了一套高铁运营作业及对应支出科目的计算体系，对高铁运营成本进行了变动性分析。李岱安（2006）介绍了中国铁路成本计算系统的研发基础、主要内容和计算流程等，并对铁路运营作业支出进行了具体划分，分析了路网成本的客运分担率及受外界和内部因素影响的情况。李海波、王莹（2009）分析了客运专线运营成本特点，对客运专线成本的电力、材料、折旧、工资、资本成本等组成要素进行了分析，划分了支出科目。廖隽勇（2010）根据我国高速铁路运营模式和动车组运行特点，建立了以速度目标值为主要变量的高铁运营费用数学模型，但运营费用只包括了列车运行能耗和固定设备维修费，没有对运营成本构成进行全面分析。周熙霖（2006）利用作业成本法对运输成本进行分解，运用类比分析法计算了武广客运专线的各单项运输成本和总运输成本。方琪根、武颖娴（2006）利用作业成本法对2010年京沪高铁运输成本进行了支出科目划分和测算研究，并对成本的变动性进行了分析。马崇岩（2014）以京沈高铁为例，采用作业成本动因，对由作业成本、资本成本和外部成本构成的高铁综合运输成本进行了研究。定性和定量分析了速度目标值，运量和筹资方式对成本的影响，并提出了运输成本管理措施。

2.6 交通需求弹性理论的研究

弹性理论起源于19世纪30年代，并在经济领域广泛应用。1838年，法国数理经济学家安东尼提出来弹性分析的思想。19世纪中叶，英国经济学家穆勒提出来初步的需求弹性概念，这产生于他发现的"需求量的相对变动对价格的相对变动之比"。19世纪末，英国经济学家马歇尔在《经济学原理》一书中，继承发展了古诺关于弹性分析的思想，综合了边际分析生产费用等理论，明确提出了弹性的概念、分类、定员、大小情况、影响因素和分析方法，并且用几何和微分方法推导出了弹性的计算公式，用图形表示了弹性的大小及其变化规律。20世纪30年代，凯恩斯将弹性分析应用于社会经济总量的研究，创立了关于有效需求的弹性分析，提出来一系列弹性分析的力量和方法。20世纪70年代，美国计量经济学家劳伦斯·克莱因在利用弹性分析经济波动和政府政策效应方面做出了贡献，并提出了一种处理不变替代弹性的方法，从供与求两个方面进行经济的数量分析。

　　国外在交通运输方面的研究主要集中于需求预测模型探讨以及交通需求弹性的估计上。Litman 等（2004）总结了公共交通计划中的价格弹性和交叉弹性的使用问题，认为以前价格弹性和交叉弹性的研究大量基于几十年前的中短期影响，当时收入较低，大量人群对于交通运输有依赖性。这些研究不适用于长期影响，低估了降低票价和提高服务的潜力。Yonghwa Park 等（2006）以意大利国有铁路和私人铁路竞争为条件，调查了长途乘客行为，发展了不同微观经济、交通供给和高铁营销方案下的国有铁路需求预测模型，重点在诱导需求的子模型。Fouque 等（2012）分析指出，英国在 19 世纪中期交通需求的收入和价格弹性非常大，分别为 3.1 和 1.5，之后开始下降。2010 年总的长期交通需求收入和价格弹性估计分别为 0.8 和 0.6。这些趋势表明发达国家未来交通需求弹性会逐渐下降，发展中国家弹性较大，随着经济的发展可能下降更快。

　　国内学者对交通需求弹性进行了大量的应用研究，多数用于需求量的预测分析，近年来逐渐运用于高铁的弹性研究。耿永志、刘凤军（2005）论证了需求价格弹性在企业决策中发挥的作用，提出可以统计分析企业已经掌握价格、销售量及需求价格弹性系数等基期资料，在估计预期的价格变动后，可利用需求价格弹性公式来预测某一时期的需求量。程谦、牛惠民（2007）提出运用价格弹性理论进行价格决策分析，应进行准确的运量预测以确定需求函数。杨宇正、周文梁（2012）认为，心理因素、运输产品性能、外部环境等因素都能引起高铁的需求量变动，并将需求分为三种，即刚性需求、转移需求、诱增出行需求。定价机制需考虑乘车需求量与运行成本，注重社会与经济效益。马淑芳（2015）采用问卷调查方法，分别测算了北京—上海段以及郑州—西安段客运需求的价格弹性、收入弹性和交叉弹性的影响。经过实证得出结论：就乘客出行时间、线路长短、不同群体而言，高铁需求价格弹性都是大于 1 的，说明高铁是富有弹性产品。

2.7　本章小结

本章论述的高速铁路次优定价相关理论是本书的重要基础。通过对研究文献的梳理可以得出以下几点。

从公共物品理论论述分析，准公共物品具有非竞争性和不充分的排他性，强自然垄断性以及规模经济、公益性、经营性等特性，因此定价应结合公益性和市场性，考虑运输成本、居民支付能力和社会效率等综合因素。从最优理论和次优理论的论述分析，西方社会福利最优理论的本质是兼顾效率和公平，认为当满足消费者效用最大化，生产者利润最大化，同时合理分配社会收入时，社会福利达到最优。然而次优理论认为，最优理论是建立在完全竞争市场上的，现实市场并非完全竞争市场，由于存在外部性和不完全信息等影响，在很多场合不能导致资源有效配置，而是次优配置。综合公共物品理论和次优理论，准公共物品定价适用次优定价理论。

国内外学者针对准公共物品定价方法的研究主要从成本补偿、社会责任，以及社会性和市场性均衡等方面展开论述。交通运输产品由于具有典型的准公共物品特性，其定价遵循次优理论。定价方法主要有：拉姆齐定价法、广义成本定价法、供需均衡定价法、博弈论定价法、多层规划定价法、系统动力学定价法、差别定价法和收益管理定价法等，这些方法同样适用于高速铁路定价。次优定价理论进一步是对差别定价的研究，主要理论有分时段差别定价理论和差异化营销理论。这些理论对于交通运输业提高社会效益和企业利益，发挥社会资源的有效配置具有积极作用，对于高速铁路定价和行业良性发展也具有积极作用。

拉姆齐次优理论是一种重要的次优定价理论，由于较好地体现了准公共物品特征，并且适用于多种产品定价，因此被广泛地应用于交通运输产品定价。理论研究主要是结合成本和弹性理论等，对拉姆齐模型在铁路运输、城市轨道交通等领域的应用进一步推导并验证其实施效果，缺乏针对高速铁路的模型改进和实施方案的应用研究。对于拉姆齐模型组成要素边际成本的研究集中于成本数学模型和处理方法的讨论，缺乏作业成本法下边际成本取值的分析；对于拉姆齐模型组成要素需求弹性的研究集中于对弹性系数取值和需求预测的讨论，针对高速铁路消费特征的应用分析非常少；关于拉姆齐理论在分时段差别定价中的应用研究，主要是利用高峰负荷定价原理，针对高峰和非高峰期的弹性差异进行定价改进，缺乏结合高速铁路作业成本和运营特征的模型分析；关于拉姆齐理论在差异化营销模式中的应用研究，主要是基于社会效益和企业利益均衡的次优营销模式的探讨，缺乏对高速铁路营销取值和定价方案的分析。本书将结合高速铁路成本和需求弹性特征，分析建立基于拉姆齐次优理论的高速铁路定价模型，探讨相应的定价方法。

第3章
高速铁路差别拉姆齐次优定价模型及实例研究

高速铁路运输是一种准公共物品，具有公益性和市场性双重属性。公益性考虑社会福利最大化，采用边际成本定价；市场性考虑企业利益最大化，采用盈亏平衡定价。高速铁路拥有巨额建设成本和较低运营成本，这使边际成本定价过低，造成企业亏损；盈亏平衡定价过高，降低上座率，不能发挥社会效益。因此，探索介于社会效益和企业利益之间的合理定价，即次优定价模式，具有极为深远的意义。本章基于不同服务的收入和支出配比，研究了不同席别独立盈亏平衡下实现社会福利最大化的差别拉姆齐模型的适用性。

国内外学者对拉姆齐次优理论在交通运输定价方面的应用展开了大量研究。研究内容集中于对拉姆齐次优定价模型在交通领域的存在性和有效性的论述、拉姆齐模型的进一步推导，以及拉姆齐指数取值和定价方案的确定。这些论述一致表明拉姆齐模型在交通领域的运用是有效的，对于社会效益和企业利益都起到了改善作用。但是，这些研究都沿用了传统拉姆齐模型的内涵，所有服务的固定成本、期间费用等都被视为同一来源，没有将各类服务的收入与支出匹配。因而，在不同服务总体盈亏平衡条件下实现社会福利最大化目标，得出的拉姆齐指数没有差异，不符合实际情况。此外，理论研究一般认为模型中的拉姆齐指数 α 在 [0，1] 区间内取值，对于拉姆齐指数取值缺乏深入探讨；对于模型中的边际成本取值，认为应以运营成本为最低限，但没有结合交通运输产品的实际特征进一步探讨；没有提出不同弹性值下的通用定价方案，缺乏对实际工作的参考价值。本章结合高速铁路的实际特征，对拉姆齐次优定价模型进一步完善，研究采用作业成本法将不同服务的收入和支出相配比，在各席别独立盈亏平衡时实现社会福利最大化的拉姆齐指数取值和定价方法。

本章介绍了构建差别拉姆齐次优定价模型假设条件，然后对模型进行推导得出定价公式，拉姆齐指数及 Lagrange 乘子取值范围。进一步分析测算了 $|\varepsilon_{Pi}|>1$ 和 $|\varepsilon_{Pi}| \leqslant 1$ 两种弹性值下的定价方法，指出不同弹性值下拉姆齐指数取值区间、定价范围和实施效果。最后采用实例分析，测算不同拉姆齐指数下企业利润、消费者剩余和社会总福利实施效果，验证模型适用性。

3.1　拉姆齐次优定价模型分析和运价变动效应

3.1.1　拉姆齐次优定价模型的提出

Ramsey（1927）考虑在政府不能征收归总税的前提下，不同需求弹性的商品如何征税才能做到社会总福利损失最小的问题。这一原则可以归纳出拉姆齐法则的两种表述：①逆弹性法则。为了保证效率损失最小，两种商品的税率应与其需求弹性成反比。②等比例递减法则。为了最小化税收带来的超额负担，税率应设定在与每种商品因税收带来的需求量减少比例相等的水平上。Baumol 等（1970）深化了拉姆齐法则，把拉姆齐原则从追求税收带来的总体效率损失最小原则扩展到次优定价原则，即企业在至少确保收支平衡的前提下，实现社会福利最大化，通过边际成本基础上的加价，求出一组偏离边际成本的次优价格。此后又进一步深化了这一理论，认为在固定成本很高的自然垄断行业，拉姆齐定价可以阻止对这个行业的无效进入。拉姆齐原则是关于多种产品的定价原则，因此可应用于多种交通定价。Boiteux（1971）提出拉姆塞—博伊塔克反弹性规则（Ramsey - Boitex Inverse Elasticity Rule）。拉姆齐定价的含义为价格在边际成本上的加成同价格需求弹性的倒数成比例。即弹性值越大，对边际成本的加成越小，定价越低；弹性值越小，对边际成本的加成越大，定价越高。

拉姆定价法适用于受管制的企业和非营利企业，企业产品具有多样化特征。基本思想是在边际成本基础上加价，对成本进行补偿定价。在最优定价法不能盈利或者不适应的情况下，利用拉姆齐定价法，可以在一定程度上弥补总成本的投入。其实质是将社会需求和企业成本有机结合，寻求介于社会目标和企业目标之间的合理定价。对于固定成本很高的自然垄断行业，边际成本递减，具有显著的规模经济效应，按照边际成本定价 P_0，能满足政府服务大众的需要，但将会形成巨额亏损 P_1BAP_0，单靠政府补贴会形成价格扭曲，造成社会效率低下（见图 3-1 中 A 点）；企业自由定价 P_3 能获得超额利润，但是定价过高，不符合社会福利原则（见图 3-1 中 E 点）；政府基于效率的考虑，要对高速铁路定价规制，在 P_0 和 P_3 之间定价，此时产量介于 q_0 和 q_2 之间，政府补贴要小于边际成本定价下的补贴（见图 3-1 中 C 点）。拉姆齐定价模型的应用能很好地协调政府、运营企业、公众之间的利益关系，对各方降低成本、提高效率起到激励作用。

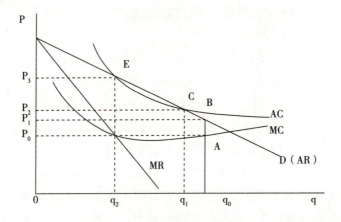

图 3-1　递减成本的自然垄断行业

　　由于高速铁路属于自然垄断行业，机车、车辆购置及线路建设等固定成本投资巨大，运营成本很低，采用边际成本定价过低，企业不能接受，因而社会福利最大化已不可能。采用盈亏平衡方法定价过高，会导致有效需求不足，形成企业巨额亏损和社会福利损失。因此适合采用拉姆齐定价方法，在保证运营成本的基础上，弥补部分固定成本定价。同时，高铁企业具有产品多元化和明显的公益性特征，符合拉姆齐定价法的适用条件。因此，本书采用拉姆齐次优理论研究高速铁路定价方法。

根据文献论述，拉姆齐模型的推导过程如下：设 P_i 为不同市场票价，q_i 为不同市场销量，MC_i 为边际成本，ε_i 为需求价格弹性系数，企业对 i 个不同市场的需求逆函数为：$P_i = P_i(q_i)$，则市场的社会总福利为：

$$W = \sum_{i=1}^{n} S_i(P_i) + \sum_{i=1}^{n} \pi_i \qquad (3-1)$$

建立盈亏平衡条件下社会总福利最大化方程：

$$\max W = \sum_{i=1}^{n} S_i(P_i) + \sum_{i=1}^{n} \pi_i = \sum_{i=1}^{n} \int_0^{q_i} P_i(q_i) dq_i - \sum_{i=1}^{n} C_i(q_i) \qquad (3-2)$$

$$\text{s.t.} \sum_{i=1}^{n} P_i(q_i) q_i = \sum_{i=1}^{n} C_i(q_i) \qquad (3-3)$$

引入拉格朗日乘数 λ，最大化 W 的目标函数转化为：

$$\max W = \sum_{i=1}^{n} \int_0^{q_i} P_i(q_i) dq_i - \sum_{i=1}^{n} C_i(q_i) - \lambda \left(\sum_{i=1}^{n} P_i(q_i) q_i - \sum_{i=1}^{n} C_i(q_i) \right)$$

$$(3-4)$$

对式（3-4）的 q_i 求偏导，并令 $\dfrac{\partial W}{\partial q_i} = 0$，得：

$$\frac{P_i - MC_i}{P_i} = \frac{1+\lambda}{\lambda \varepsilon_i} \qquad (3-5)$$

$$\frac{P_i - MC_i}{P_i} = \frac{\alpha}{\varepsilon_i} \qquad (3-6)$$

其中，$\alpha = \dfrac{1+\lambda}{\lambda}$ 为拉姆齐指数。

从拉姆齐次优定价模型的推导可以看出，社会福利最大化目标建立在多种产品总体盈亏平衡基础上，不同产品来源于同一生产能力，即共同固定成本，没有区分不同产品的固定成本，将不同产品的收入和支出进行配比。这样，在实际操作中，不同产品的拉姆齐指数是一致的，没有差别，导致最终的定价缺乏科学性、适用性和可操作性。本章研究高铁不同席别产品独立实现盈亏平衡下的社会福利最大化次优定价模型，不同席别具有差别拉姆齐指数，因此将其称为"差别拉姆齐次优定价模型"。拉姆齐定价在实际操作中要对不同客户的边际成本和需求弹性做出正确判断，可操作性要求高。研究拉姆齐模型在高速铁路中的应用，前提是对高速铁路的边际成本和交通需求弹性进行分析。

3.1.2 影响拉姆齐模型定价效果的因素

（1）高速铁路的边际成本分析。拉姆齐模型中边际成本 MC 的取值是影响定价的一个重要因素。设 CV 为单位变动成本，f 为固定成本。高速铁路运输成本的构成为：$C(q) = CV \cdot q + f$，对成本求导数得：$MC = \dfrac{\partial C(q)}{\partial q} = CV$。可见边际成本是单位客运量变动对运输总成本的影响，即单位变动成本 CV。因此高速铁路单位变动成本的确定，成为影响票价组成和实施效果的重要因素。如果取值不合理，会造成定价过低，影响企业经济效益，导致社会资源配置不合理，这就需要分析高速铁路运输总支出。

高速铁路运输总支出包括综合运输成本、期间费用和营业外支出。综合运输成本按构成的经济要素分为人工、材料、电力、折旧和其他费用。期间费用包括管理费用、营销费用、财务费用等，不归集到作业成本中，但与作业期间相匹配计入支出。管理费用是管理机构的相关支出，营销费用是营销机构的相关支出，财务费用为融资成本，营业外支出一般包括环境污染支出、事故损失支出等。

高速铁路成本管理方法采用作业成本法，高铁运输经济要素按与作业量的相关性，分为作业成本和固定成本。作业成本是各项支出按照成本动因进行分析，以"作业"为中心归集的人工费、材料费、电力费、维修费、营销费等支出，分为发到作业费、运行作业费和基础作业费等。发到作业费反映车站旅客服务费用和车站其他间接费用；运行作业费反映动车乘务人员工资、动车牵引能耗费、动车日常维修费、动车综合调度费和动车其他运行费用等支出；基础作业费反映轨道线路作业、供电及通信作业、车站站舍及服务作业等支出。固定成本为房屋站舍、动车组、轨道线路、通信维修等设施设备的折旧费用。

进一步分析作业成本，一定期间的各作业中心成本加总计算作业总成本，并与该期间作业总量相比形成单位作业成本。单位作业成本相对固定不变，总作业成本随作业量增加而增加，作业成本符合变动成本特性，因此可以作为变动成本。本书边际成本采用剔除了折旧费的单位作业成本，即高速铁路与运营相关的成本费用，包括高铁运营发生的基本支出，即人工费、材料费、电力费、维修费、营销费及其他费用等，是广义变动成本概念。这与传统成本法中，边际成本采用的单位变动成本仅为狭义变动成本，不含修理费、营销费等间接费用的模式构成显著区别，使定价更符合高速铁路的成本特性。

高速铁路运输总支出构成如表 3-1 所示。

表 3-1　高速铁路运输总支出构成

相关性	支出分类	支出具体分类		支出明细
与作业量直接相关	作业成本	发到作业费		车站旅客服务费用
				车站其他间接费用
		运行作业费		动车乘务人员工资
				动车综合调度费用
				动车牵引能耗费用
				动车运行其他费用
				动车大中修费用
				动车日常维修费用
				动车综合检测费用
		基础作业费	轨道线路作业	正线大修费用
				正线日常维修费用
				站线大修费用
				站线日常维修费用
				道岔维修费用
				养路机械费用
				工务部门其他费用
			供电及通信作业	牵引供电系统费用
				通信信号系统费用
				防灾报警系统费用
				维修设备费用
				供电电务其他费用
			车站站舍及服务作业	车站建筑物维修费用
				给排水等作业费用
				其他服务费用

相关性	支出分类	支出具体分类	支出明细
与作业量间接相关	固定费用	折旧费用	房屋站舍、动车组、轨道线路、通信维修等设施设备的折旧费用
与作业期间相关	期间费用	管理费用	管理机构支出
		营销费用	营销机构支出
		财务费用	高铁融资成本
	营业外支出	损失	环境污染支出、事故损失支出等

本章在进行分析时，高速铁路运输总成本包括作业成本和固定成本。作业成本包括各作业中心的人工费、材料费、电力费、修理费、营销费等支出，固定成本包括折旧费用。期间费用包括财务费用，未考虑管理机构和营销机构的支出。未考虑营业外支出，即外部损失和事故损失等。其中，总作业成本按照全年开行动车的不同作业中心归集消耗的资源支出，然后汇总所有作业中心成本形成。单位作业成本将总作业成本除以全年客运班次，再分摊到不同席别计算得出，即单位运营成本。在此基础上，考虑不同席别的差别服务费，得出单位作业成本最终结果。差别拉姆齐模型中边际成本取值为每班次动车一个会计年度的单位作业成本，即 $MC=\gamma$。

（2）高速铁路的交通需求弹性分析。拉姆齐模型中的交通需求弹性 ε 的取值是影响定价的另一个重要因素。

高铁需求量按照旅客对出行费用的敏感程度分为三种：刚性需求、转移需求和诱增需求。刚性需求指不受旅客出行费用影响的出行需求量；转移需求指因旅客出行费用限制而导致出行需求由广义出行成本较高的客运方式向出行成本较低的客运方式转移；诱增需求指旅客因出行费用减少而诱增产生的部分出行需求。刚性需求一般是公务类旅客或收入较高旅客的需求，这类人群对出行工具的服务和时间敏感度较高，对价格敏感度较低；转移需求和诱增需求一般是通勤类、休闲类旅客或收入较低旅客需求，这类人群对价格敏感度相对较高。

衡量高速铁路需求敏感性的指标为交通需求弹性系数，一般分为价格弹性系数、收入弹性系数和交叉弹性系数。本书在分析时剔除收入弹性和交叉弹性影响因素，只考虑价格弹性影响因素。需求价格弹性通常是指客运需求对票价的弹性，即票价变化对客运需求变化的影响程度。一般分为两种形式：一是弧弹性，表示需求曲线上两点之间的客运量变动对于运价变动的反应程度，弧弹性强调弧上的变化，所以弧上的 P 和 q 是变化前后的均值。二是点弹性，当需求曲线上两点之间的变化量趋于无穷小时，用点弹性来表示，也就是说需求的价格点弹性表示需求曲线上某一点的客运量变动对于价格变动的反应程度。本书采用点弹性形式确定需求价格弹性系数，设 ε_P 为客运需求价格弹性系数，Δq 为客运变动量，q 为客运量，ΔP 为票价变动量，P 为票价。需求价格弹性系数表示为：

$$\varepsilon_P = \frac{\Delta q / q}{\Delta P / P} = \frac{P}{q} \cdot \frac{\Delta q}{\Delta P} \tag{3-7}$$

消费者需求产生的依据为边际效用价值，消费者对边际效用高的商品支付意愿较强，所能接受的价格较高；对于边际效用低的商品支付意愿较弱，所能接受的价格较低。影响高铁运输需求价格弹性的因素主要有：①其他运输方式的可替代性。在同一区段的可替代品越多，相似性越高，高铁运输需求的价格弹性越大，反之则越小。②运输服务种类和用途的广泛性。服务种类越多，用途越广，弹性越低；反之则越高。③运输对旅客生活的必要程度。如该运输方式是某旅客人群必不可少的开支，必要性程度越高，弹性越低；反之则越高。④运输支出在旅客预算总支出中所占比重。比重越大，需求价格弹性可能越大；反之则越小。

在实际工作中，经常采用的需求弹性系数测定方法有：①选取某一线路和区间运营的动车为样本，将问卷得到的数据代入需求价格弹性公式中计算，得出这一线路和区间的需求弹性值。一般适用于需求函数不易建立或掌握数据不充分的情况。②利用问卷调查数据进行非线性回归分析，拟合需求函数，进而求出需求价格弹性系数。③将运量预测得到的统计数据，利用最小二乘法得到需求函数的回归模型，进而求出需求价格弹性系数。

本书采用对日常客流进行抽样问卷调查的方法进行市场调研，利用 SPSS 20.0 软件对数据回归分析，分别拟合不同产品、时段和客户群的需求函数，进而求出相应需求价格弹性系数。

3.1.3 拉姆齐模型的运价变动效应

根据经济学理论，社会总福利即市场总剩余包括消费者剩余和生产者剩余。消费者剩余反映买者愿意支付的最高价格和实际支付价格的差额，生产者剩余反映卖者得到的收入和实际成本的差额，社会总福利即总剩余反映买者愿意支付的最高价格和卖者实际成本的差额。如图 3-2 所示，总的来说，在社会总福利一定的情况下，消费者剩余 $P_n E_0 P_0$ 和生产者剩余 $P_0 E_0 q_0 0$ 存在此消彼长的关系。当消费者剩余减少时，生产者剩余增加；当消费者剩余增加时，生产者剩余减少。拉姆齐理论的实质是通过运价的杠杆作用对消费者剩余和生产者剩余的分配，对市场中各个利益参与者利益的均衡。利用拉姆齐理论，在边际成本的基础上合理加价，可以实现社会资源的优化配置。

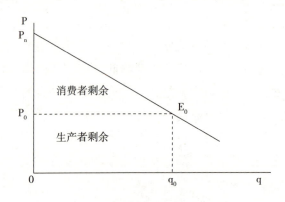

图 3-2 社会总剩余的变动效应

具体来说，运价变动效应要结合需求弹性分析来进行。不同乘车者对高铁运价涨落敏感程度不同，引发生产者剩余和消费者剩余变动存在差异，社会总福利的变动取决于两者变动的总趋势。在市场遵循供求均衡规律、忽略外部性影响的情况下，对于需求缺乏弹性的人群来说，在一定范围内，运价上升大于客运量下降对利润的影响，生产者剩余增加；运价下降大于客运量上升对利润的影响，生产者剩余减少。对于需求富有弹性的人群来说，在一定范围内，运价上升小于客运量下降对利润的影响，生产者剩余逐渐减少；运价下降小于客运量上升对利润的影响，生产者剩余增加。消费者剩余的变动取决于运价对销售收入的影响，当销售收入增加时，消费者剩余下降；当销售收入减少时，消费者剩余增加。

本章对拉姆齐次优理论应用效果的研究，主要是通过分析在弹性值一定的前提下，拉姆齐指数变动引起的运价变动对生产者剩余、消费者剩余和社会总福利的影响来实现的。

3.2　差别拉姆齐次优定价模型的构建

设高铁企业提供 i 类席别，i = 1, 2, …, n。R_i、P_i、Q_i、q_i、d_i、γ_i、f_i、U_i、V_i、ε_{Pi}、α_i、λ_i 分别为 i 类席别收入、票价、年设计运能、年实际客运量、客运分担率、单位作业成本、固定成本总额、期间费用、营业外支出、需求价格弹性系数、拉姆齐指数、条件函数的 Lagrange 乘子；S_i（P_i）和 $C_i(q_i)$ 分别为 i 类席别的消费者剩余函数和成本函数；Q、π、S 和 W 分别为年总设计客运量、年总利润、年总消费者剩余和年社会总福利。为简化计算，模型建立中只考虑了主要影响条件，次要影响条件和复杂因素未予考虑。模型建立条件如下：①高铁收入只考虑票价收入，不考虑其他收入。②高铁总支出包括综合运输成本、期间费用和营业外支出。其中，综合运输成本包括作业成本和固定成本；期间费用包括管理费用、营销费用和财务费用；营业外支出包括外部支出和事故损失等。③不同席别收入和支出可区分，能独立实现盈亏平衡。④成本计算未考虑货币时间价值的影响。⑤固定资产采用平均年限法分类计提折旧。⑥需求弹性只考虑价格对客运量的影响。⑦不同席别客户可以完全区分，不考虑互相替换的交叉影响。

不同席别独立盈亏平衡下的社会福利最大化模型如下：

$$\max W = \sum_{i=1}^{n} S_i(P_i) + \sum_{i=1}^{n} \pi_i = \sum_{i=1}^{n} \int_0^{x_i} P_i(q_i) dq_i - \sum_{i=1}^{n} (C_i(q_i) + U_i + V_i)$$

$$(3-8)$$

s. t. $P_i(q_i)q_i = C_i(q_i) + U_i + V_i$ (3-9)

模型中 $C_i(q_i) = \gamma_i q_i + f_i$。将不同席别的式（3-9）进行乘子处理后求和得到：

s. t. $\sum_{i=1}^{n} \lambda_i [P_i(q_i)q_i - C_i(q_i) - U_i - V_i] = 0$ (3-10)

由式（3-8）和式（3-10）相加得到目标函数：

$$\max W = \sum_{i=1}^{n} \int_0^{x_i} P_i(q_i) dq_i - \sum_{i=1}^{n} (C_i(q_i) + U_i + V) + \sum_{i=1}^{n} \lambda_i [P_i(q_i)q_i -$$
$$C_i(q_i) - U_i - V] \tag{3-11}$$

对式（3-11）的 q_i 求偏导，并令 $\dfrac{\partial W}{\partial q_i} = 0$ 可得：

$$\frac{\partial W}{\partial q_i} = -\frac{dP_i}{dq_i} \cdot q_i + \lambda_i (P_i + \frac{dP_i}{dq_i} \cdot q_i - \frac{dC_i}{dq_i}) = 0 \tag{3-12}$$

由于 $\varepsilon_{Pi} = \dfrac{\partial q_i}{\partial P_i} \times \dfrac{P_i}{q_i}$，$\gamma_i = \dfrac{dC_i}{dq_i}$，上式可转化为：

$$-\frac{1}{\varepsilon_{Pi}} \cdot P_i + \lambda_i (P_i + \frac{1}{\varepsilon_{Pi}} \cdot P_i - \gamma_i) = 0 \tag{3-13}$$

$$P_i = \gamma_i \cdot \frac{\varepsilon_{Pi}}{\varepsilon_{Pi} + 1 - \dfrac{1}{\lambda_i}} \tag{3-14}$$

令 $1 - \dfrac{1}{\lambda_i} = \alpha_i$，$\alpha_i$ 为不同席别的拉姆齐指数，得差别拉姆齐定价模型：

$$P_i = \gamma_i \cdot \frac{\varepsilon_{Pi}}{\varepsilon_{Pi} + \alpha_i} \tag{3-15}$$

由于次优定价是在边际成本基础上的加价，因此式（3-15）须满足条件：$P_i \geq \gamma_i$，即 $\gamma_i \cdot \dfrac{\varepsilon_{Pi}}{\varepsilon_{Pi} + \alpha_i} \geq \gamma_i$，得到：$\alpha_i \geq 0$。进一步分析，当 $\alpha_i > -\varepsilon_{Pi}$ 时，P_i 出现负值，无意义；当 $\alpha_i = -\varepsilon_{Pi}$ 时，式（3-15）不成立。因此，差别拉姆齐指数取值为：

$$0 \leq \alpha_i < -\varepsilon_{Pi} \tag{3-16}$$

由 $1 - \dfrac{1}{\lambda_i} = \alpha_i$ 计算得出 Lagrange 乘子取值：

$$\lambda_i < \frac{1}{1+\varepsilon_{Pi}} \text{或} \lambda_i \geq 1 \tag{3-17}$$

为保证定价方法可行，式（3-15）同时应满足：$P_n > P_{n+1}$ 及 $W > 0$。具体定价方法随 $|\varepsilon_{Pi}|$ 取值不同而不同，不同弹性值下 α_i 取值及对次优定价模型各参数影响不同。定价方法分 $|\varepsilon_{Pi}| > 1$ 和 $|\varepsilon_{Pi}| \leq 1$ 两种情况。

（1）$|\varepsilon_{Pi}| > 1$ 时的次优定价方法分析。当 $0 \leq \alpha_i \leq 1$ 时，$\lambda_i \geq 1$，$P_i \geq \gamma_i$。其中，当 $\alpha_i = 0$ 时，$P_i = \gamma_i$，企业实现正常利润，社会福利达到最大化；当 $\alpha_i = 1$ 时，$P_i = \gamma_i \cdot \frac{\varepsilon_{Pi}}{\varepsilon_{Pi}+1}$，企业实现利润最大化。随着 α_i 增大，票价逐渐增加，消费者剩余呈下降趋势；客运量减少小于票价增加的影响，利润逐渐上升，达到利润最大化；社会总福利呈上升或下降趋势。当 $1 < \alpha_i < -\varepsilon_{Pi}$ 时，$\lambda_i < \frac{1}{1+\varepsilon_{Pi}}$，$P_i > \gamma_i$。随着 α_i 增加，票价逐渐增加，消费者剩余呈下降趋势；客运量减少超过票价增加的影响，利润逐渐下降。累计导致社会总福利显著下降，并可能出现负数，导致方案不可行。高铁次优定价方法参数取值及实施效果如表 3-2 所示。

表 3-2　高铁次优定价方法参数取值及实施效果（$|\varepsilon_{Pi}| > 1$）

α_i 取值	$\alpha_i < 0$	$0 \leq \alpha_i \leq 1$	$1 < \alpha_i < -\varepsilon_{Pi}$	$\alpha_i > -\varepsilon_{Pi}$
λ_i 取值	$0 < \lambda_i < 1$	$\lambda_i \geq 1$	$\lambda_i < \frac{1}{1+\varepsilon_{Pi}}$	$\frac{1}{1+\varepsilon_{Pi}} < \lambda_i < 0$
P_i 取值	$P_i < \gamma_i$	$P_i \geq \gamma_i$	$P_i > \gamma_i$	$P_i < \gamma_i$
P_i 趋势	上升	上升	上升	上升
π 趋势	上升	上升	下降	无意义
S 趋势	下降	下降	下降	无意义
W 趋势	上升或下降	上升或下降	下降	无意义
是否定价区间	非定价区间	定价保证 $W > 0$	定价保证 $W > 0$	非定价区间

（2）$|\varepsilon_{Pi}| \leq 1$ 时的次优定价方法分析。此时，$0 \leq \alpha_i < -\varepsilon_{Pi}$，$\lambda_i \geq 1$，$P_i \geq \gamma_i$。随着 α_i 增加，票价逐渐增加，消费者剩余逐渐下降；客运量减少小于票价增加的影响，利润呈上升趋势。$\alpha_i = 0$ 时，$P_i = \gamma_i$，企业实现正常

利润；当 $\alpha_i = 1$ 时，$P_i = \gamma_i \cdot \dfrac{\varepsilon_{Pi}}{\varepsilon_{Pi}+1}$，企业实现利润最大化。社会总福利呈上升或下降趋势，并可能出现负数，导致方案不可行。高铁次优定价方法参数取值及实施效果如表3-3所示。

表3-3　高铁次优定价方法参数取值及实施效果（$|\varepsilon_{Pi}| \leq 1$）

α_i 取值	$\alpha_i < 0$	$0 \leq \alpha_i < -\varepsilon_{Pi}$
λ_i 取值	$0 < \lambda_i < 1$	$\lambda_i \geq 1$
P_i 取值	$P_i < \gamma_i$	$P_i \geq \gamma_i$
P_i 趋势	上升	上升
π 趋势	上升	上升
S 趋势	下降	下降
W 趋势	上升或下降	上升或下降
是否定价区间	非定价区间	定价保证 W>0

　　由于高铁运输产品具有公益性和市场性双重属性，企业在根据上述定价方案确定了次优定价有效取值区间后，还需要考虑高铁的运营情况，进一步确定更具体的实施范围。在次优定价有效取值区间内，确定合理定价有两种方法：①利用效率系数判定。效率系数反映社会效率和企业效率的均衡关系，是社会消费者剩余和企业利润的比值，即 $\theta = \dfrac{S}{|\pi|}$。当效率系数偏高时，表明社会效率较高，企业效率相对较低；当效率系数偏低时，表明社会效率较低，企业效率相对较高。一般来说，可以将效率系数的计算结果分为三个水平：较高、中等和较低。在公益性显著的运行线路，如偏远和经济落后地区、国家政策倾斜地区等，可以采取效率系数较高的区间作为定价方案。目前高铁运行大多数线路属于公益性和市场性兼顾的线路，尤其是2016年国家出台了市场化定价的指导意见，更表明了经营性政策取向，为高铁弥补非政府性投资和借贷提供了良好契机。因此，通常适宜采取效率系数中等的区间作为定价方案，兼顾社会效率和企业效率，在企业利润较高的情况下，追求社会福利次优化。而效率系数较低的区间，由于企业利润和社会消费者剩余均为下降趋势，累计社会总福利显著下

降，社会效率偏低，社会资源配置不合理，因此不适合作为高铁定价区间。②利用社会总福利离差率判定。社会总福利离差率反映社会效率偏离平均效率的程度，衡量不同定价方案下的社会总福利与平均社会总福利的偏离水平，即 $\delta = \dfrac{W - \overline{W}}{\overline{W}}$。当社会总福利离差率偏高时，表明社会效率较高，企业效率相对较低；当社会总福利离差率偏低时，表明社会效率较低，企业效率相对较高。一般来说，也可以将社会总福利离差率的计算结果分为三个水平：较高水平、中等水平和较低水平。定价原则可以参照效率系数判定方法，在公益性取向较强的线路采用社会总福利离差率较高的区间作为定价方案，在公益性和市场性兼顾的线路采用社会总福利离差率中等的区间作为定价方案，社会总福利离差率较低的区间一般不作为定价方案。

3.3　差别拉姆齐次优定价模型的实例

本书以呼包高铁作为算例。呼包高铁为集包增建第二双线的一部分，全线长 $k = 165$ 公里，途经呼和浩特东、呼和浩特、包头东和包头 4 个车站。动车组车型 CRH5A，设一等座、二等座两类席别，车厢容量设计分别为：$z_1 = 60$ 座，$z_2 = 560$ 座；年总设计运能 $Q = 678.90$ 万人，其中，一等座、二等座年设计运能分别为：$Q_1 = 65.70$ 万人，$q_2 = 613.20$ 万人；日开行频次 $F = 15$ 对，年开行时长 $t = 365$ 天。实例分成本分析、交通需求弹性分析、次优定价数据模拟及分析三部分。

3.3.1　呼包高铁成本分析

由于呼包高铁于 2015 年投入运营，没有历史数据，因此综合运输成本根据蒙冀铁路有限责任公司京包线集宁至包头段增建第二双线的相关资料，结合国内高铁成本研究相关资料，采用实物模拟法和类比分析法计算。融资成本采用中铁工程设计咨询集团有限公司《京包线集宁至包头段增建第二双线可行性研究》中的数据计算，铁路职工年平均工资采用包头市 2014 年国有单位职工平均工资（64871 元）计算。

呼包高铁固定资产总投资为 949672.05 万元，地方铁路投资和银行贷款各占 50%；地方铁路铺底流动资金为 3781.52 万元。年筹资费用由权益资本成本和债权资本成本构成。权益资本成本取社会无风险投资收益率的 3%，社会基准收益率为 6%，项目资本投资风险系数为 0.2，股利个人所得税率为 20%；债权资本成本取一年期银行贷款利率 3.20%，企业个人所得税率为 25%。经营期筹资费用测算如下：权益资本成本，（949672.05/2+3781.52）×[3%+0.2×（6%-3%）]（1-20%）≈13784.19 万元；债权资本成本，949672.05/2×3.20%×（1-25%）≈11396.06 万元。

呼包高铁原有车站站舍为 56215 万元。假定动车组全部为地方铁路投资购置，银行贷款用于线桥隧道等基础设施建设和设备购置，建设期 3 年的贷款利息为 45584.26 万元（未扣除企业所得税）全部分摊计入基础设施和设备，则固定资产总投资为 949672.05+45584.26+56215＝1051471.31 万元。根据 2005 年原铁道部发布《铁路运输企业固定资产管理办法》中的规定，及 2010 年和 2012 年对该办法修订内容，采用平均年限法分类计提折旧，各类固定资产折旧年限和预计净残值率参照附件"铁路运输企业固定资产分类折旧率"确定，折旧费用计算如表 3-4 所示。

表 3-4　呼包高铁年折旧费用计算

项目	投资总额 （万元）	折旧年限 （年）	预计净残值率 （%）	折旧率 （%）	折旧费用 （万元）
动车组	110000.00	20	4.00	4.80	5280.00
线桥隧道	462701.25	80	5.23	1.18	5459.87
牵引供电系统	201570.43	20	5.00	4.75	9574.60
通信信号系统	161932.93	8	5.04	11.87	19221.44
防灾报警设备	53922.80	8	5.04	11.87	6400.64
维修机械设备	5128.90	10	5.00	9.50	487.25
车站房屋建筑物	56215.00	38	5.00	2.50	1405.38
合计	1051471.31				47829.18

注：线桥隧道折旧年限和预计净残值率取路基、桥隧平均值；牵引供电系统按传导设备计算。

　　根据上述测算，经营期年固定成本（折旧费）为 47829.18 万元，年财务费用（融资成本）为 25180.25 万元。按照不同席别设计运能计算一等座、二等座客运分担率为：$d_1 = 9.68\%$，$d_2 = 90.32\%$。以客运分担率分配一等座、二等座固定成本为：$f_1 = 4629.86$ 万元，$f_2 = 43199.32$ 万元；分配一等座、二等座财务费用为：$U_1 = 2437.45$ 万元，$U_2 = 22742.80$ 万元。根据呼包高铁作业特征，将作业环节分为发到作业、运行作业、轨道线路作业、供电及通信作业和车站站舍及服务作业 5 个中心，按成本动因计算各作业中心成本如表 3-5 所示。

表 3-5　呼包高铁年作业成本分项计算

单位：万元

作业名称	作业指标	支出科目	运营成本				单项合计	合计
			工资	材料	能耗	其他		
发到作业	发送人数	车站旅客服务费用	1485.41				1485.41	1604.25
		车站其他间接费用				118.83	118.83	
运行作业	列车小时	动车乘务人员工资	1485.41				1485.41	1619.68
		动车综合调度费用				74.27	74.27	
		动车运行其他费用				60.00	60.00	
	总重吨公里	动车牵引能耗费用			2232.44		2232.44	2250.30
		动车运行其他费用				17.86	17.86	
	列车公里	动车大中修费用	316.80	1443.20			1760.00	5610.00
		动车日常维修费用	1120.60	2619.40			3740.00	
		动车综合检测费用				110.00	110.00	
轨道线路作业	总重吨公里	正线大修费用	375.71	1213.83			1589.54	4090.34
		正线日常维修费用	333.14	1189.80			1522.94	
		站线大修费用	28.63	57.25			85.88	
		站线日常维修费用	25.38	50.76			76.14	
		道岔维修费用	90.73	324.05			414.78	
		养路机械费用	18.14	64.81			82.95	
		工务部门其他费用				318.11	318.11	

续表

作业名称	作业指标	支出科目	运营成本				单项合计	合计
			工资	材料	能耗	其他		
供电及通信作业	列车公里	牵引供电系统费用	148.54	2015.70			2164.24	5418.42
		通信信号系统费用	148.54	1857.20			2005.74	
		防灾报警系统费用	150.98	539.23			690.21	
		维修设备费用	14.36	51.29			65.65	
		供电电务其他费用				492.58	492.58	
车站站舍及服务作业	发送人数	车站建筑物维修费用		2810.75			2810.75	3367.75
		给排水等作业费用				502.00	502.00	
		其他服务费用				55.00	55.00	
合计								23960.74

根据表 3-5 汇总计算呼包高铁作业成本和单位作业成本如表 3-6 所示。

表 3-6 呼包高铁年作业成本汇总计算

作业名称	作业指标	全年作业量（万）	全年作业成本（万元）	单位作业成本（元）
发到作业	发送人数	678.90	1604.25	2.36
运行作业	列车小时	0.90	1619.69	1732.99
	总重吨公里	113883.14	2250.29	0.02
	列车公里	180.68	5610.00	31.05
轨道线路作业	总重吨公里	113883.14	4090.34	0.04
供电及通信作业	列车公里	180.68	5418.42	29.99
车站站舍及服务作业	发送人数	678.90	3367.75	4.96
作业成本及单位作业成本	人公里	112018.50	23960.74	0.21

根据表 3-6，呼包高铁全年总作业成本为 23960.74 万元，按照车厢分配计算一等座、二等座单位作业成本为：$\gamma_1 = 23960.75$ 万元/365 天/30 班/8/60 = 45.59 元，$\gamma_2 = 23960.75$ 万元/365 天/30 班/8/80 = 34.19 元。

由于一等座存在差别服务费，为杂志费和免费饮水费 70.02 万元（2015 年投入），因此一等座单位作业成本调整计算为：$\gamma_1 = 45.59 + 70.02$ 万元/365 天/30 班/60 = 46.65 元。

3.3.2 呼包高铁交通需求弹性分析

为了调查不同类别客户的出行行为，测算需求弹性，本算例于 2015 年 5 月中旬在包头火车站动车组候车室现场方法并回收问卷，调研对象为动车候车人员，就旅客属性，出行目的，旅客对动车组票价、服务、速度的评价等问题进行了调研。截至 2015 年 5 月底调查结束，共发放问卷 1000 份，回收问卷中，一等座有效问卷 797 份，二等座有效问卷 915 份。利用 SPSS20.0 进行统计分析，建立客流量与票价的回归方程。

以 q 代表估计值，则回归方程为：$q = aP^b$，两边取对数转化为线性方程：$\ln(q) = \ln(aP^b) = \ln(a) + b\ln(P)$，设 $q' = \ln(q)$、$a' = \ln(a)$、$P' = \ln(P)$，则 $q' = a' + bP'$。根据最小二乘法原理，一等座解标准方程组得：$a = 7 \times 10^8$，$b = -4.068$。一等座需求函数：$q_1 = 7 \times 10^8 P_1^{-4.068}$，需求价格弹性：$\varepsilon_{P1} = \dfrac{\partial q_1}{\partial P_1} \times \dfrac{P_1}{q_1} = -4.068$。判定系数 $R^2 = 0.7908$，说明回归方程对观测值的拟合程度较好。

2015 年 5 月一等座客流量和票价调研资料统计如表 3-7 所示。

表 3-7 2015 年 5 月一等座客流量和票价调研资料统计

一等座票价（元）	数量（人）	占总数比例	一等座票价均值（元）
30~40	382	0.4793	35
41~50	215	0.2697	45
51~60	104	0.1306	55
61~70	78	0.0978	65
70 元以上	18	0.0226	75
合计	797	1.0000	

利用 t 检验，t = 3.3675 > $t_{0.05(3)}$ = 2.353，说明 P_1 与 q_1 相关性显著。

一等座幂函数拟合与样本结果对比及拟合需求弹性如图 3-3 所示。

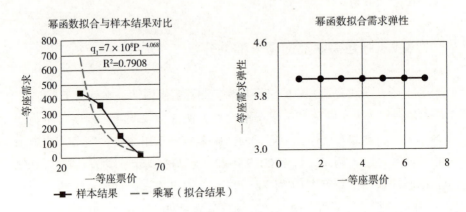

图 3-3 一等座幂函数拟合与样本结果对比及拟合需求弹性

根据最小二乘法原理，二等座解标准方程组得：a = 2×10^{15}，b = −7.962。二等座需求函数：$q_2 = 2×10^{15} P_2^{-7.962}$，需求价格弹性：$\varepsilon_{P2} = \dfrac{\partial q_2}{\partial p_2} × \dfrac{p_2}{q_2}$ = −7.962。判定系数 R^2 = 0.8664，说明回归方程对观测值的拟合程度较好。

2015 年 5 月二等座客流量和票价调研资料统计如表 3-8 所示。

表 3-8 2015 年 5 月二等座客流量和票价调研资料统计

二等座票价（元）	数量（人）	占总数比例	二等座票价均值（元）
30~40	718	0.7847	35
41~50	151	0.1650	45
51~60	34	0.0372	55
60 元以上	12	0.0131	65
合计	915	1.0000	

利用 t 检验，t=4.741>$t_{0.05(2)}$=2.92，说明 P_2 与 q_2 相关性显著。二等座幂函数拟合与样本结果对比及拟合需求弹性见图3-4。

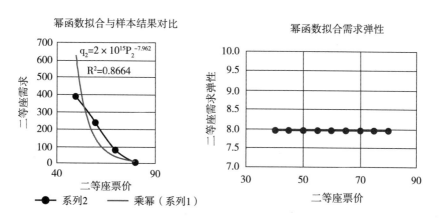

图3-4　二等座幂函数拟合与样本结果对比及拟合需求弹性

3.3.3　呼包高铁次优定价数据模拟及分析

在上述成本分析和需求价格弹性拟合值下，进行次优定价数据模拟。不同席别取不同 λ_i，单位作业成本 γ_i，拟合函数 q_i 及需求弹性 ε_{Pi}，α_i 为保证 $P_1>P_2$ 的合理取值。由于随机调研样本量有限，计算中对客运量 q_i 值进行了全样本量处理。现有动车一等座、二等座年设计客运量 65.70 万人、613.20 万人，分别为调研样本量的 657 倍和 6132 倍，则有：$q_1=657×7×10^8 P_1^{-4.068}$，$q_2=6132×2×10^{15}P_2^{-7.962}$。利用式（3-15）、式（3-16）、式（3-17）分析计算。

（1）$\alpha_i<0$ 时数据模拟及分析。①定价方案参数取值。当 $\alpha_i<0$ 时，$0<\lambda_i<1$。票价 $P_1\in$（0，46.65）元，$P_2\in$（0，34.19）元。②定价实施效果。随着 α_i 增加，票价 P_i 增加，客运量逐渐下降，$q_1\in$（7.48，+∞）万人，$q_2\in$（7511.51，+∞）万人。利润为负且远低于正常利润 $\pi\in$（-∞，-73009.43）万元，消费者剩余数额较大 $S\in$（649716.82，+∞）万元，最终社会总福利 $W\in$（576707.39，+∞）万元。③数据分析。本区段随着 α_i 增

加，票价 P_i 增加，企业利润 π 逐渐增加，消费者剩余 S 逐渐减少，累计效应社会总福利 W 呈下降趋势。本区段过分强调社会效率，由于定价低于单位作业成本，企业不能实现正常利润，社会总福利的取得建立在企业巨额亏损上。例如当 $\alpha_1 = -4$，$\alpha_2 = -8.5$ 时，$\pi = -43154030.76$ 万元，$S = 97913054.82$ 万元，$W = 54759024.05$ 万元。可见，社会资源配置显著失衡，因此不作为高铁定价区间，如表 3-9 所示。

表 3-9　次优定价模型参数模拟计算 $[\alpha_i \in (-\infty, 0)，\lambda_i \in (0, 1)]$

α_1	-4.0000	-3.0000	-2.0000	-1.0000	0.0000
α_2	-8.5000	-6.0000	-5.0000	-4.0000	0.0000
λ_1	0.2000	0.2500	0.3333	0.5000	1.0000
λ_2	0.1053	0.1429	0.1667	0.2000	1.0000
P_1（元）	23.52	26.85	31.27	37.45	46.65
P_2（元）	16.54	19.50	21.00	22.76	34.19
q_1（万人）	121.21	70.75	38.04	18.28	7.48
q_2（万人）	2440188.62	657448.92	363817.48	191983.01	7511.51
$\int_0^{x_1} P_1(q_1)\,dq_1$（万元）	35655.35	23811.44	14950.44	8630.55	4413.70
R_1（万元）	138231972.68	44166207.09	26394828.54	15135221.60	902470.63
$C_1 + U_1$（万元）	2851.04	1899.71	1189.68	684.68	348.84
$\int_0^{x_2} P_2(q_2)\,dq_2$（万元）	40351722.17	12818454.25	7640694.14	4368982.19	256818.68
R_2（万元）	12711.20	10357.45	8831.34	7909.75	7405.61
$C_2 + U_2$（万元）	83495892.78	22544022.37	12504763.30	6629742.89	322662.43
π（万元）	-43154030.76	-9734025.86	-4871710.82	-2267985.78	-73009.43
S（万元）	97913054.82	31369664.58	18767895.16	10774185.28	649716.82
W（万元）	54759024.05	21635638.71	13896184.33	8506199.51	576707.39

注：为了计算精确，α 和 λ 值保留小数点后 4 位数，其余参数保留小数点后 2 位数。

根据表 3-9 绘制的 P、π、S 和 W 趋势如图 3-5 和图 3-6 所示。

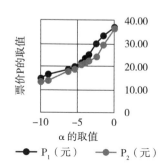

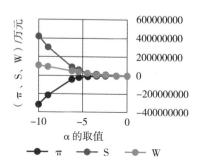

图 3-5　票价 P 随 α 变动趋势

注：$\alpha \in (-\infty, 0)$，为 α_1 和 α_2 的平均值

图 3-6　次优定价各参数模拟趋势

注：$\alpha \in (-\infty, 0)$，为 α_1 和 α_2 的平均值

（2）$0 \leqslant \alpha_i \leqslant 1$ 时数据模拟及分析。①定价方案参数取值。当 $0 \leqslant \alpha_i \leqslant 1$ 时，$\lambda_i \geqslant 1$，票价 $P_1 \in [46.65, 61.86]$ 元，$P_2 \in [34.19, 39.10]$ 元。②定价实施效果。随着 α_i 增加，票价 P_i 增加，客运量逐渐下降，$q_1 \in [2.37, 7.48]$ 万人，$q_2 \in [2580.10, 7511.51]$ 万人。利润变动区间在正常利润和利润最大化之间，即 $\pi \in [-73009.43, -60193.68]$ 万元。消费者剩余 $S \in [257019.08, 649716.82]$ 万元，社 会 总 福 利 $W \in [196825.40, 576707.39]$ 万元。当 $\alpha_i = 0$ 时，收入弥补作业成本，获得正常利润 $\pi = -73009.43$ 万元，社会总福利达到最大值 $W = 576707.39$ 万元；当 $\alpha_i = 1$ 时，收入弥补作业成本和部分固定成本，企业利润达到最大值 $\pi = -60193.68$ 万元，社会总福利显著下降。③数据分析。本区段随着 α_i 增加，票价 P_i 增加，企业利润缓慢增加，消费者剩余迅速下降。消费者剩余下降趋势超过企业利润上升趋势，累计结果社会总福利显著下降，且 $W > 0$。总体来看，定价弥补了运营成本及部分固定成本，企业效益稳步增加，社会效率较高，形成的社会损失较少。定价方案兼顾了社会效益和企业利益，具有可行性，因此作为高铁定价区间，如表 3-10 所示。

表 3-10　次优定价模型参数模拟计算（$\alpha_i \in [0, 1]$，$\lambda_i \in [1, +\infty)$）

α_1	0.0000	0.2000	0.4000	0.6000	0.8000	1.0000
α_2	0.0000	0.1000	0.3000	0.5000	0.7000	1.0000
λ_1	1.0000	1.2500	1.6667	2.5000	5.0000	$+\infty$
λ_2	1.0000	1.1111	1.4286	2.0000	3.3333	$+\infty$
P_1（元）	46.65	49.06	51.74	54.72	58.07	61.86
P_2（元）	34.19	34.62	35.53	36.48	37.49	39.10
q_1（万人）	7.48	6.09	4.91	3.91	3.07	2.37
q_2（万人）	7511.51	6792.40	5532.50	4481.90	3610.10	2580.10
$\int_0^{x_1} P_1(q_1)\,dq_1$（万元）	4413.70	3784.45	3218.52	2712.46	2262.85	1866.28
R_1（万元）	902470.63	826818.48	691658.21	575867.34	477080.30	356184.10
C_1+U_1（万元）	348.84	298.85	253.93	213.80	178.18	146.80
$\int_0^{x_2} P_2(q_2)\,dq_2$（万元）	256818.68	235185.88	196562.32	163504.02	135326.80	100884.51
R_2（万元）	7405.61	7340.93	7285.73	7239.04	7199.91	7167.48
C_2+U_2（万元）	322662.43	298075.78	254999.80	219080.00	189272.94	154057.51
π（万元）	-73009.43	-69931.97	-65469.28	-62601.21	-60967.87	-60193.68
S（万元）	649716.82	595118.20	498060.48	414861.98	343838.18	257019.08
W（万元）	576707.39	525186.23	432591.20	352260.77	282870.31	196825.40

　　根据表 3-10 绘制的 P、π、S 和 W 趋势如图 3-7 和图 3-8 所示。

　　（3）$1 < \alpha_i < -\varepsilon_i$ 时数据模拟及分析。①定价方案参数取值。如代入需求弹性 ε_{Pi}，α_1 和 α_2 取值应为：$\alpha_1 \in (1, 4.068)$，$\alpha_2 \in (1, 7.962)$。但是，实际模拟显示，本区段由于存在企业利润和消费者剩余叠加下降的影响，出现社会总福利 $W \leqslant 0$，导致项目不可行。因此，定价在保证 $W > 0$ 的前提下，α_1 和 α_2 实际取值为：$\alpha_1 \in (1, 2.5)$，$\alpha_2 \in (1, 2.2450)$，λ_1 和 λ_2 取值为：$\lambda_1 \in (-\infty, -0.6667)$，$\lambda_2 \in (-\infty, -0.8032)$。此时，票价 $P_1 > 46.65$ 元，$P_2 > 34.19$ 元，实际取值 $P_1 \in (61.86, 121.03)$ 元，$P_2 \in (39.10, 47.62)$ 元。②定价实施效果。随着 α_i 增加，票价 P_i 增加，客运量逐渐下降，$q_1 \in (0.15, 2.37)$ 万人，$q_2 \in (537.48, 2580.10)$ 万人。利润为负且逐渐下降，

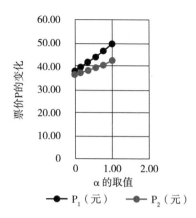

图 3-7　票价 P 随 α 变动趋势

注：α ∈ [0, 1]，为 α_1 和 α_2 的平均值

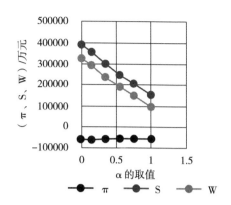

图 3-8　次优定价各参数模拟趋势

注：α ∈ [0, 1]，为 α_1 和 α_2 的平均值

π ∈ (-65672.80, -60193.68) 万元，消费者剩余和社会总福利降幅较大，S ∈ (65672.80, 257019.08) 万元，W ∈ (0, 196825.40) 万元。③数据分析。随着 α_i 增加，票价 P_i 增加，收入弥补了作业成本和部分固定成本，企业利润低于最大值，并逐渐下降。消费者剩余迅速下降，累计结果社会总福利呈下降趋势并趋近 0。总体来看，票价相对 α_i ∈ [0, 1] 定价区间更高，客运量降幅较大，企业利润和消费者剩余均呈下降趋势，累计社会总福利水平逐渐下降，社会资源配置效率不如 α_i ∈ [0, 1] 定价区间，一般应取接近 α_i = 1 的部分作为高铁定价区间，如表 3-11 所示。

表 3-11　次优定价模型参数模拟计算

[α_1 ∈ (1, 2.5), α_2 ∈ (1, 2.2450)；λ_1 ∈ (-∞, -0.6667), λ_2 ∈ (-∞, -0.8032)]

α_1	1.0100	1.0400	1.0500	1.3000	2.2200	2.5000
α_2	1.0300	1.3500	1.6906	1.8000	2.1200	2.2450
λ_1	-100	-25.0000	-20.0000	-3.3333	-0.8197	-0.6667
λ_2	-33.3333	-2.8571	-1.4480	-1.2500	-0.8929	-0.8032
P_1（元）	62.06	62.67	62.88	68.56	102.69	121.03
P_2（元）	39.27	41.17	43.41	44.18	46.60	47.62
q_1（万人）	2.34	2.25	2.22	1.56	0.30	0.15

续表

q_2（万人）	2492.90	1711.11	1123.07	976.23	638.49	537.48
$\int_0^{x_1} P_1(q_1)dq_1$（万元）	1847.79	1793.03	1775.03	1363.42	397.46	240.76
R_1（万元）	345687.20	249174.12	172743.85	152918.96	105689.64	90984.03
C_1+U_1（万元）	145.33	141.00	139.58	107.06	30.99	18.72
$\int_0^{x_2} P_2(q_2)dq_2$（万元）	97896.57	70447.81	48748.57	43127.34	29751.70	25592.65
R_2（万元）	7166.02	7161.73	7160.32	7129.61	7070.85	7063.99
C_2+U_2（万元）	151075.98	124346.75	104241.36	99221.13	87673.62	84220.18
π（万元）	-60200.10	-60919.67	-62513.53	-63116.34	-64961.78	-65672.80
S（万元）	249493.08	180378.34	125630.73	111047.99	76304.40	65672.80
W（万元）	189292.98	119458.68	63117.20	47931.64	11342.63	0.00

根据表 3-11 绘制的 P、π、S 和 W 趋势如图 3-9 和图 3-10 所示。

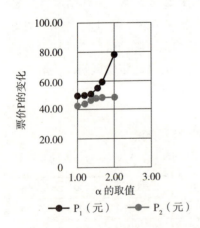

图 3-9　票价 P 随 α 变动趋势

注：$\alpha \in (1, 2.3725)$，为 α_1 和 α_2 的平均值

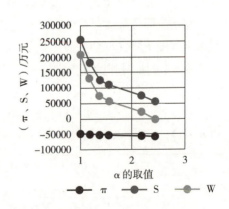

图 3-10　次优定价各参数模拟趋势

注：$\alpha \in (1, 2.3725)$，为 α_1 和 α_2 的平均值

（4）$\alpha_i > -\varepsilon_{Pi}$ 时数据模拟及分析。当 $\alpha_i > -\varepsilon_{Pi}$ 时，P_i 出现负值，非定价取值区间，次优定价模型参数模拟如表 3-12 所示。

表 3–12　次优定价模型参数模拟计算

$[\alpha_1 \in (4.068, +\infty), \alpha_2 \in (7.962, +\infty); \lambda_1 \in (-0.3259, 0), \lambda_2 \in (-0.1436, 0)]$

α_1	4.1000	5.0000	6.0000	7.0000	8.0000	9.0000
α_2	8.0000	8.5000	9.0000	9.5000	10.0000	10.5000
λ_1	-0.3226	-0.2500	-0.2000	-0.1667	-0.1429	-0.1250
λ_2	-0.1429	-0.1333	-1.1250	-0.1176	-0.1111	-0.1053
P_1（元）	-5930.38	-203.62	-98.23	-64.72	-48.26	-38.48
P_2（元）	-7163.70	-505.99	-262.26	-177.00	-13357	-107.26
π（万元）	无意义	无意义	无意义	无意义	无意义	无意义
S（万元）	无意义	无意义	无意义	无意义	无意义	无意义
W（万元）	无意义	无意义	无意义	无意义	无意义	无意义

（5）次优定价有效取值总体分析。①定价方案参数取值。综合考虑票价 $P_i \geqslant \gamma_i$，$P_1 > P_2$ 以及社会总福利 W>0 的定价原则，次优定价的有效取值方案如下：α_1 和 α_2 的取值为：$\alpha_1 \in [0, 2.5)$，$\alpha_2 \in [0, 2.2450)$，λ_1 的取值为：$\lambda_1 \in (-\infty, -0.6667)$ 和 $\lambda_1 \in [1, +\infty)$，$\lambda_2$ 的取值为：$\lambda_2 \in (-\infty, -0.8032)$ 和 $\lambda_2 \in [1, +\infty)$。此时，票价取值为：$P_1 \in [46.65, 121.03)$ 元，$P_2 \in [34.19, 47.62)$ 元。②定价实施效果。随着 α_i 增加，票价 P_i 增加，客运量逐渐下降，$q_1 \in (0.15, 7.48]$ 万人，$q_2 \in (537.48, 7511.51]$ 万人。年利润分两部分：$\pi \in [-73009.43, -60193.68)$ 万元和 $\pi \in (-65672.80, -60193.68)$ 万元，呈凸型分布。年消费者剩余 $S \in (65672.80, 649716.82)$ 万元，年社会总福利 $W \in (0, 576707.39)$ 万元。③数据分析得出。随着 α_i 增加，票价 P_i 增加，企业利润变化呈凸型，消费者剩余逐渐下降，累计结果社会总福利呈持续下降趋势。次优定价模型有效取值模拟结果如表 3–13 所示。其中，当 α_1 和 α_2 均为 0 时，票价 P_1 和 P_2 为最小值，即取单位作业成本 46.65 元、34.19 元。客运量 q_1 和 q_2 达到最大值 7.48 万人、7511.51 万人。收入弥补作业成本，获得正常利润 $\pi = -73009.43$ 万元，社会总福利达到最大值 576707.39 元。当 α_1 和 α_2 均为 1 时，票价 P_1 和 P_2 为 61.86 元、39.10 元，客运量 q_1 和 q_2 为 2.37 万人、2580.10 万人，企业利润 π 达到最大值 -60193.68 万元，社会总福利为 196825.40 万元。当 α_1

表3-13 次优定价模型有效取值参数模拟计算

$(\alpha_1 \in [0, 2.5]$, $\alpha_2 \in [0, 2.2450]$; $\lambda_1 \in (-\infty, -0.6667)$ 和 $\lambda_1 \in [1, +\infty)$ 和 $\lambda_2 \in (-\infty, -0.8032)$ 和 $\lambda_2 \in [1, +\infty)$)

α_1	0.00	0.20	0.40	0.60	0.80	1.00	1.01	1.04	1.05	1.30	2.22	2.50
α_2	0.00	0.10	0.30	0.50	0.70	1.00	1.03	1.35	1.69	1.80	2.12	2.2450
λ_1	1.00	1.25	1.67	2.50	5.00	∞	-100.00	-25.00	-20.00	-3.33	-0.82	-0.6667
λ_2	1.00	1.11	1.43	2.00	3.33	∞	-33.33	-2.86	-1.45	-1.25	-0.89	-0.8032
P_1（元）	46.65	49.06	51.74	54.72	58.07	61.86	62.06	62.67	62.88	68.56	102.69	121.03
P_2（元）	34.19	34.62	35.53	36.48	37.49	39.10	39.27	41.17	43.41	44.18	46.60	47.62
q_1（百万人）	0.075	0.061	0.049	0.039	0.031	0.024	0.023	0.023	0.022	0.016	0.003	0.15
q_2（百万人）	75.11	67.92	55.32	44.82	36.10	25.80	24.93	17.11	11.23	9.76	6.38	537.48
π（亿元）	-7.30	-6.99	-6.55	-6.26	-6.10	-6.02	-6.02	-6.09	-6.25	-6.31	-6.50	-6.57
S（亿元）	64.97	59.51	49.81	41.49	34.38	25.70	24.95	18.04	12.56	11.10	7.63	6.57
W（亿元）	57.67	52.52	43.26	35.23	28.29	19.68	18.93	11.95	6.31	4.79	1.13	0.00

和 α_2 为 2.5 和 2.2450 时，票价 P_1 和 P_2 为最大值 121.03 元、47.62 元，客运量 q_1 和 q_2 达到最小值 0.15 万人、537.48 万人，社会总福利达到最小值 0。次优定价模型有效取值参数模拟计算如表 3-13 所示。

根据表 3-13 绘制的 P、π、S 和 W 趋势如图 3-11 和图 3-12 所示。

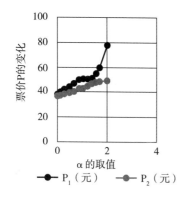

图 3-11　票价 P 随 α 变动趋势

注：$\alpha \in [0, 2.44)$，为 α_1 和 α_2 的平均值

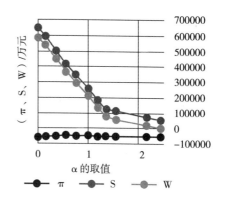

图 3-12　次优定价各参数模拟总趋势

注：$\alpha \in [0, 2.44)$，为 α_1 和 α_2 的平均值

进一步分析，在次优定价模型有效取值范围内确定合理定价区间。

一种方法是利用效率系数判定公式：$\theta = \dfrac{S}{|\pi|}$，计算结果如表 3-14 所示。

根据效率系数 θ 的计算结果，当 $\theta \in [4.14, 5.64]$ 时，社会效率处于中等水平，此时拉姆齐指数 $\alpha_1 \in [0.8, 1.01]$，$\alpha_2 \in [0.7, 1.03]$，票价 $P_1 \in [58.07, 62.06]$ 元，$P_2 \in [37.49, 39.27]$ 元，客运量 $q_1 \in [2.3, 3.1]$ 万人，$q_2 \in [2493, 3610]$ 万人。消费者剩余 $S \in [24.95, 34.38]$ 亿元，社会效率保持较好水平；企业利润 $\pi \in [-6.10, -6.02]$ 亿元，保持在利润最大化附近，企业效益维持在较高水平。总体来看，社会总福利 $W \in [18.93, 28.29]$ 亿元，社会福利目标和企业经营目标均衡，资源配置合理，达到有效配置。

另一种方法是利用社会总福利离差率判定公式：$\delta = \dfrac{W - \overline{W}}{\overline{W}}$，计算结果如表 3-15 所示。

表3-14 次优定价模型效率系数计算

α_1	0	0.2	0.4	0.6	0.8	1	1.01	1.04	1.05	1.3	2.22
α_2	0	0.1	0.3	0.5	0.7	1	1.03	1.35	1.69	1.8	2.12
P_1(元)	46.65	49.06	51.74	54.72	58.07	61.86	62.06	62.67	62.88	68.56	102.69
P_2(元)	34.19	34.62	35.53	36.48	37.49	39.10	39.27	41.17	43.41	44.18	46.60
q_1(百万人)	0.075	0.061	0.049	0.039	0.031	0.024	0.023	0.023	0.022	0.016	0.003
q_2(百万人)	75.11	67.92	55.32	44.82	36.10	25.80	24.93	17.11	11.23	9.76	6.38
S(亿元)	64.97	59.51	49.81	41.49	34.38	25.70	24.95	18.04	12.56	11.10	7.63
π(亿元)	-7.30	-6.99	-6.55	-6.26	-6.10	-6.02	-6.02	-6.09	-6.25	-6.31	-6.50
θ	8.90	8.51	7.61	6.63	5.64	4.27	4.14	2.96	2.01	1.76	1.17
区间	6.0以上			3.0~6.0(含)				3.0(含)以下			
社会效率	较高			中等				较低			

表 3-15　次优定价模型社会总福利离差率计算

α_1	0	0.2	0.4	0.6	0.8	1	1.01	1.04	1.05	1.3	2.22
α_2	0	0.1	0.3	0.5	0.7	1	1.03	1.35	1.69	1.8	2.12
P_1（元）	46.65	49.06	51.74	54.72	58.07	61.86	62.06	62.67	62.88	68.56	102.69
P_2（元）	34.19	34.62	35.53	36.48	37.49	39.10	39.27	41.17	43.41	44.18	46.60
q_1（百万人）	0.075	0.061	0.049	0.039	0.031	0.024	0.023	0.023	0.022	0.016	0.003
q_2（百万人）	75.11	67.92	55.32	44.82	36.10	25.80	24.93	17.11	11.23	9.76	6.38
S（亿元）	64.97	59.51	49.81	41.49	34.38	25.70	24.95	18.04	12.56	11.10	7.63
π（亿元）	-7.30	-6.99	-6.55	-6.26	-6.10	-6.02	-6.02	-6.09	-6.25	-6.31	-6.50
W（亿元）	57.67	52.52	43.26	35.23	28.29	19.68	18.93	11.95	6.31	4.79	1.13
δ	1.47	1.25	0.86	0.51	0.21	-0.16	-0.19	-0.50	-0.73	-0.79	-0.95
区间	0.5 以上				-0.5~0.5（含）				-0.5（含）以下		
社会效率	较高				中等				较低		

根据社会总福利离差率 δ 的计算结果，当 $\delta \in [-0.19, 0.21]$ 时，社会效率处于中等水平，社会总福利距平均值离差较小，此时拉姆齐指数 $\alpha_1 \in [0.8, 1.01]$、$\alpha_2 \in [0.7, 1.03]$；票价 $P_1 \in [58.07, 62.06]$ 元、$P_2 \in [37.49, 39.27]$ 元；客运量 $q_1 \in [2.3, 3.1]$ 万人、$q_2 \in [2493, 3610]$ 万人。消费者剩余 $S \in [24.95, 34.38]$ 亿元，社会效率保持较好水平；企业利润 $\pi \in [-6.10, -6.02]$ 亿元，保持在利润最大化附近，使企业效益保持在较高水平。总的来看，社会总福利 $W \in [18.93, 28.29]$ 亿元，接近或达到社会平均福利水平，社会福利目标和企业经营目标均衡，资源配置合理。

3.4　本章小结

本章结合高速铁路运行特点，以拉姆齐次优理论为基础，建立了高速铁路差别拉姆齐次优定价模型，并以呼包高铁为算例进行了实例分析。研究分析的主要结果表述如下。

（1）将不同席别的收入和支出配比，建立了各类席别独立实现盈亏平衡的社会福利最大化拉姆齐定价模型，不同席别独立实现盈亏平衡时的 Lagrange 乘子不同，形成了不同的拉姆齐指数，产生了差别拉姆齐指数下的次优定价模型。

（2）模型中边际成本采用广义的变动成本概念，包括了高速铁路与运营相关的成本费用，即剔除了折旧费的单位作业成本，并考虑了营销费用。这与传统成本法中边际成本采用的单位变动成本仅为狭义变动成本，不含修理费、营销费等间接费用的模式构成显著区别，使定价更符合高速铁路的成本特性。

（3）拉姆齐指数传统研究取值为：$\alpha_i \in [0, 1]$，本章研究表明，拉姆齐指数取值为：$\alpha_i \in [0, -\varepsilon_{Pi})$，比传统研究取值范围更大，从而延伸了高铁定价区间。

（4）提出了需求弹性 $|\varepsilon_{Pi}| > 1$ 和 $|\varepsilon_{Pi}| \leqslant 1$ 两种情况下的定价方法。

不同需求弹性下的拉姆齐指数取值不同，定价方法也不同，对消费者剩余、企业利润和社会总福利会产生不同影响。企业可以在满足 $P_i \geqslant \gamma_i$ 且 $W > 0$ 的条件下，确定定价的有效取值区间。

（5）提出了在次优定价模型有效取值范围内，进一步确定合理定价的两种方法，即效率系数判定法和社会总福利离差率判定法。在效率系数和社会总福利离差率的三种计算结果：较高、中等和较低，根据不同线路的运营目标和政策取向，选择较高或中等结果的区间作为定价方法。

本章是根据拉姆齐次优理论的基本原理，研究制定不同席别定价方法。在对作业成本测算的基础上，结合调查问卷数据的需求函数拟合结果，对差别拉姆齐次优定价方法的实施效果进行了参数模拟，并提供了两种合理定价的判定方法。本章的研究结果为高铁定价提供了具体指导方法，但是差别拉姆齐模型的构建没有考虑设计运能的影响，客运量的增加客观上要求企业加开动车频次，或者增加设备设施的运输能力。而高铁的设计容量是限定的，运能的调整受诸多条件的影响，并不总能满足需求。因此，需要引入设计运能限制，进一步完善差别拉姆齐次优定价模型。下一章将进行市场细分，通过对不同席别产品需求在时间上的分布的进一步研究，根据运行时段的规律实行差别定价，研究满足设计运能条件下的差别拉姆齐次优定价模型，同时将结合高铁运行特征，围绕高峰期和非高峰期分时段定价展开分析，进一步提高高铁运营效率。

第 4 章
高速铁路拉姆齐分时段次优定价模型及实例研究

高速铁路运输产品由于具有易逝性和不可储存性，旅客需求在运行周期的不同时段存在差异，其波动具有一定的规律性。根据运行时段的规律实行差别定价可以提高企业效益，优化社会资源配置。因此，如何根据不同时段特征实行差别定价，积极探索提高企业效益、实现总社会福利优化的有效途径是铁路运营部门努力的方向。拉姆齐次优定价理论在这一领域具有重要的应用价值。

分时段定价是拉姆齐次优理论的进一步引申和运用。国内外研究集中于对不同时段定价目标的探讨，差别定价的有效性和合理性的讨论，运营成本和客流均衡的探究，模型的改进和时长比例权重的确定等内容。研究表明，高峰期定价的目标是社会福利最大化，非高峰期定价的目标是经济效益最大化。高峰时段和非高峰时段是不相等的，根据不同时段的特征实施差别定价是有效的，可以均衡交通需求，进而实现社会福利优化。分时段模型在拉姆齐"高峰负荷定价"模型的基础上进行了一系列改进，提出了高峰非高峰定价、淡旺季定价、时变需求定价、分程计价等模型，论述了应用条件和实施效果。上述研究对于实际工作具有重要参考价值，但是分时段模型存在以下缺陷：不同时段各类席别的收入支出未实现相应配比，社会福利最大化建立在全年总的盈亏平衡基础上，不符合定价的实际情况；没有进一步结合高速铁路成本特征确定边际成本；没有科学考虑设备能力，即客运设计运能限制条件，或者虽然考虑但可操作性较差；对于时段和时长权重系数的确定较为烦琐，缺乏简便和可操作性。本章结合高速铁路的实际特征研究分时段拉姆齐定价模型。在作业成本法下，将分时段不同服务的收入和支出相配比，提出各席别独立盈亏平衡时实现社会福利最大化的 Lagrange 乘子取值和定价方法。

本章首先对第 3 章的差别拉姆齐模型进行完善，建立了设计运能限制的统一定价模型。进一步考虑高峰期和非高峰期作业成本特征确定边际成本，对于时段进行了科学划分，确定简便的时长权重系数，同时引入非贸易品影子价格的确定方法，全面考虑不同时段设计运能限制，推导建立各席别不同时段独立实现盈亏平衡的分时段拉姆齐定价模型。然后通过实例将分时段定价与统一定价模型实施效果对比，验证分时段定价模型的适用性。

4.1　拉姆齐模型在差别定价中的应用及定价实施效应

4.1.1　拉姆齐模型在差别定价中的应用

根据高速铁路的需求特征，研究不同出行者的消费行为和客运时段特征，对不同区域、不同时段及不同旅客的属性和消费意愿进行市场细分，针对不同区域、时段和旅客实行差别定价，是拉姆齐模型在铁路定价常用的一种方法，可以实现满足消费需求下的收益最大化，同时优化社会效率。

当企业面对 n 个市场（客户群）时，假设 $n=i$，j，i 类和 j 类市场产品的价格、边际成本和需求价格弹性系数分别为：P_i 和 P_j，MC_i 和 MC_j，ε_i 和 ε_j，差别定价模型的应用推导如下：

建立盈亏平衡下的社会福利最大化方程，如式（4-1）和式（4-2）所示。

$$\max W = \sum_{n=i}^{j} S_n(P_n) + \sum_{n=i}^{j} \pi_n = \sum_{n=i}^{j} \int_0^{q_n} P_n(q_n) dq_n - \sum_{n=i}^{j} C_n(q_n) \quad (4-1)$$

$$\text{s.t.} \sum_{n=i}^{j} P_n(q_n) q_n = \sum_{n=i}^{j} C_n(q_n) \quad (4-2)$$

对 q_n 求偏导，并令 $\dfrac{\partial W}{\partial q_n}=0$，解得不同市场的定价公式，如式（4-3）所示。

$$\frac{P_n-MC_n}{P_n}=\frac{\alpha}{\varepsilon_n}(n=i,\ j) \tag{4-3}$$

由于拉姆齐指数 α 相同，两个市场存在以下比值关系，如式（4-4）所示。

$$\frac{(P_i-MC_i)/P_i}{(P_j-MC_j)/P_j}=-\frac{\varepsilon_j}{\varepsilon_i} \tag{4-4}$$

式（4-4）是拉姆塞—博伊塔克反弹性规则（Ramsey-Boitex Inverse Elasticity Rule）在铁路运输中高峰负荷定价的一个重要运用，与平均成本法相比，是一种帕累托改进。当公共市场存在明显的峰谷，即存在乘客对需求价格弹性系数不同时，便可在不同市场根据不同弹性系数定价。通常消费者高峰段对于价格的敏锐程度小于非高峰段，则高峰段可采取高价策略，定价可以超出其边际成本的比例越大；非高峰段可采取低价策略，定价可以超出其边际成本的比例越小。

4.1.2　影响拉姆齐模型差别定价效果的因素

4.1.2.1　高速铁路规模效应的成本分析

高速铁路由于固定成本投资巨大和产业特性，表现出规模效应的复杂性。高铁的规模经济、范围经济、网络经济和密度经济等相对于普通铁路更明显。

按照规模经济理论，在一定的技术水平上，随着规模扩大和产出增加，平均成本（单位产出成本）逐步下降，便具有规模经济。高速铁路在其运力范围内，随着运输量的增加，平均固定成本逐渐被摊薄，单位运输产品所分担的固定成本不断变小，长期平均成本下降速度高于既有铁路，平均成本曲线比普通铁路更陡峭，具有明显的规模效益。作为多产品的行业，在生产要素种类和数量不变的条件下，产品种类的增加也带来了平均成本的下降，产生了范围经济。高铁扩大的网络幅员增强了实现完整运输产品的能力，特别对于长距离运输更是降低运输成本，产生了网络经济。当高铁的线路长度及服务节点等数量不变时，运输产品的扩大引起平均成本不断下降，产生了密度经济。

高速铁路边际成本较低，并且随着运输量的增加，平均成本越来越接近边际成本。本书的拉姆齐模型中的边际成本采用不含折旧的单位作业成本，即单位运营成本计算。一定期间的各作业中心成本加总计算作业总成本，并与该期间设计运能相比形成单位作业成本。其内容包括了高铁运营发生的基本支出，即人工费、材料费、电力费、维修费、营销费及其他费用等，实质是一种平均成本的计算过程。单位作业成本表现出规模经济效应，随着开行频次的增加，呈下降趋势。在其他因素既定的条件下，这种规模经济效应引起运价的降低，进而影响到总收益的高低，以及社会消费者剩余的变动。具体影响还要结合需求弹性特征来分析。

4.1.2.2　高速铁路需求弹性特征分析

高速铁路的需求特征主要有四点：①高铁运输需求不是自发需求，而是派生需求（Derived Demand），运输需求因工作、学习、探亲、旅行等目的产生，并非因运输本身目的而产生。②高铁运输是一种服务，具有易逝性和不可储存性，因此需求具有时效性。③不同旅客的出行目的多样化，需求具有多样性。④旅客出行具有时空分布的不均衡性，需求差异大。由于不同地区地域环境、经济发展程度和居民收入水平等不同，需求不均衡；同时，在不同季节和一天的不同时间，需求呈现高峰和非高峰变化，具有一定的规律性。

高速铁路的需求价格弹性系数特征主要表现为：一般情况下，旅客出行受时间、舒适度、票价等综合因素影响，不同乘客对运输方式的敏感性不同，价格弹性系数不同。同时，铁路每年、每个季度或每天，甚至一天中的不同时段，旅客的交通需求也不一样，形成客流的高峰和低谷。通常旅客在高峰时段相对于非高峰时段的价格弹性系数要小。旅客需求价格弹性取决于需求曲线斜率，即价格和数量的变动幅度。随着价格与数量变化，需求价格弹性沿着曲线变化。靠近顶端处，价格较低，数量较高，因

此弹性的绝对值很大；当曲线下移时弹性绝对值逐渐减少，直到底端处，达到最低值。如图4-1所示，当票价 $P \in (0, P_0]$ 时，客运量较大，客运量的变动大于票价变动幅度，客运需求弹性系数 $|\varepsilon_p| > 1$，需求富有弹性；在票价 $P \propto 0$ 时，客运需求弹性系数 $|\varepsilon_p| = \infty$，需求具有无限弹性；当票价 $P = P_0$ 时，客运量变动等于票价变动幅度，客运需求弹性系数 $|\varepsilon_p| = 1$，需求具有单位弹性；当票价 $P \in (P_0, +\infty)$ 时，客运量的变动小于票价变动幅度，客运需求弹性系数 $|\varepsilon_p| < 1$，需求缺乏弹性；当票价 $P \propto +\infty$ 时，$|\varepsilon_p| = 0$，需求不具有弹性。

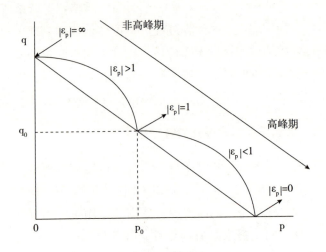

图4-1　高速铁路客运需求弹性分析

高铁企业利用需求弹性可以测算合理的调价方向，调价幅度，利用销售价格杠杆来量化分析营销策略。具体采用的差别定价策略有三种：①区分不同地域定价。对于需求弹性较低的经济较发达区域，制定较高票价；对于需求弹性较高的经济较落后地区，制定相对低的票价。②区分高峰期和非高峰期定价。当客流处于低谷或是需求富有弹性时，可以降低票价，或设定更多的低票价座席，吸引选择其他运输方式的乘客乘坐高铁；当客流处于高峰或需求缺乏弹性时，可以提高票价，或增加高品质席位，转移部分旅客选择其他运输方式。③区分不同客户群定价。依据不同客户群弹性特征定价，即需求缺乏弹性的客户群制定较高票价，需求富有弹性的客户群制定较低票价。

利用需求弹性差异化特征实施差别定价需要进行市场细分,市场细分要具有科学性、合理性。一方面,市场划分不能过于细致。地域分类、时段分类和客户群分类等要适合特定市场高铁运行的特点,粗细有度,使需求弹性便于确定,运价具有可操作性。另一方面,市场划分要具有相对稳定性。各类市场划分应保持一定的固定性,据此确定的需求弹性一段时期内应保持不变,以使运价具有可信度,市场运行相对稳定。本章市场细分考虑实际工作中的可操作性和适用性。将高铁运行年度划分为高峰期和非高峰期两个时段定价,没有进行更细致的时段划分,同时没有进行一天中的时变划分。在市场细分的基础上,采用对日常客流进行抽样问卷调查的方法进行市场调研,通过对调研数据进行回归分析,分别拟合不同时段的需求函数,得出相应的需求价格弹性系数。

4.1.3　拉姆齐模型差别定价的实施效应

根据经济学理论,差别定价的实施效果要优于无差别定价(或统一定价)。在实行差别定价策略时,生产者剩余会高于统一定价下的生产者剩余,消费者剩余呈现下降趋势,社会总剩余明显增加,提高了生产者效率,改善了社会资源总体配置。如图 4-2 所示,在实行差别定价时,社会生产者剩余为 $P_0E_0q_00$、$P_1E_1q_10$ 和 $P_2E_2q_20$ 面积之和,大于统一定价下面积 $P_0E_0q_00$;社会总剩余为 $P_nE_0q_00$、$P_nE_1q_10$ 和 $P_nE_2q_20$ 之和,大于统一定价下面积 $P_nE_0q_00$(统一定价见图 3-2)。

本章对拉姆齐模型在差别定价中的应用效果分析,主要是通过分析不同开行频次的分时段定价方案实施效果,并与未进行市场细分的定价方案进行对比来进行的。本章将不同席别未进行市场细分的定价方案称为统一定价方案。随着开行频次的增加,高速铁路表现出明显的规模经济效应,平均成本呈下降趋势。不同开行频次具有不同的边际成本和需求弹性,在不同的边际成本和需求价格弹性系数下,定价方案不同,消费者剩余、生产者剩余和社会总福利的变动效应也不同。

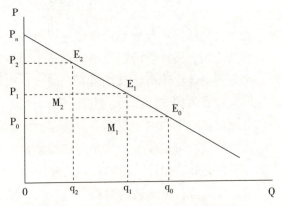

图 4-2　差别定价社会总剩余的变动效应

4.2　拉姆齐统一定价模型的构建

考虑运输能力对第 3 章差别拉姆齐模型进行完善，构建基于运能限制的统一定价模型。R_{Ti}、Q_{Ti}、q_{Ti}、P_{Ti}、γ_{Ti}、f_{Ti}、U_{Ti}、V_{Ti} 和 ε_{Ti} 分别为 i 类席别收入、年设计运能、年实际客运量、票价、单位作业成本、固定成本、期间费用、营业外支出和需求弹性系数；R_T、C_T、U_T、V_T、π_T、S_T 和 W_T 分别为年总收入、年总成本、年总期间费用、年总营业外支出、年总利润、年总消费者剩余和年社会总福利；P_{Ti}（q_{Ti}）、S_{Ti}（P_{Ti}）和 C_{Ti}（q_{Ti}）分别为需求逆函数、消费者剩余函数和成本函数。

不同席别独立实现盈亏平衡下的社会福利最大化目标函数如式（4-5）、式（4-6）、式（4-7）所示。

$$\max W_T = \sum_{i=1}^{n} S_{Ti}(P_{Ti}) + \sum_{i=1}^{n} \pi_{Ti} = \sum_{i=1}^{n} \int_0^{x_{Ti}} P_{Ti}(q_{Ti}) dq_{Ti} - \sum_{i=1}^{n} (C_{Ti}(q_{Ti}) + U_{Ti} + V_{Ti})$$

$$(4-5)$$

s. t.　$P_{Ti}（q_{Ti}）q_{Ti} = C_{Ti}（q_{Ti}）+ U_{Ti} + V_{Ti}$　　　　　$(4-6)$

s. t. $0 \leqslant q_{Ti} \leqslant Q_{Ti}$　　　　　$(4-7)$

模型相关算式如下：$R_T = \sum_{i=1}^{n} P_{Ti} q_{Ti}$，$C_T = \sum_{i=1}^{n} C_{Ti}(q_{Ti}) = \sum_{i=1}^{n} (\gamma_{Ti} q_{Ti} +$

f_{Ti}），$U_T = \sum\limits_{i=1}^{n} U_{Ti}$，$V_T = \sum\limits_{i=1}^{n} V_{Ti}$，$S_T = \sum\limits_{i=1}^{n} \int_0^{x_{Ti}} P_{Ti}(q_{Ti}) dq_{Ti} - R_T$，$\pi_T = R_T -$ $C_T - U_T - V_T$，$W_T = S_T + \pi_T$。

将不同席别约束条件进行 Lagrange 乘子处理后求和得到式（4-8）和式（4-9）。

$$\text{s. t.} \quad \sum \lambda_{Ti} \left[P_{Ti}(q_{Ti}) q_{Ti} - C_{Ti}(q_{Ti}) - U_{Ti} - V_{Ti} \right] = 0 \tag{4-8}$$

$$\text{s. t.} \quad \sum \beta_{Ti}(q_{Ti} - Q_{Ti}) \leqslant 0 \tag{4-9}$$

λ_{Ti} 和 β_{Ti} 分别为统一定价下利润每单位变动对社会总福利的影响和客运量每单位变动对社会总福利的影响。将式（4-8）和式（4-9）加到式（4-5）中转化为式（4-10）。

$$\max W_T = \sum\limits_{i=1}^{n} \int_0^{x_{Ti}} P_{Ti}(q_{Ti}) dq_{Ti} - \sum\limits_{i=1}^{n} (C_{Ti}(q_{Ti}) + U_{Ti} + V_{Ti}) + \sum\limits_{i=1}^{n} \lambda_{Ti} [P_{Ti}(q_{Ti})q_{Ti} - $$

$$C_{Ti}(q_{Ti}) - U_{Ti} - V_{Ti}] + \sum\limits_{i=1}^{n} \beta_{Ti}(q_{Ti} - Q_{Ti}) \tag{4-10}$$

对 q_{Ti} 求偏导，并令 $\dfrac{\partial W_T}{\partial q_{Ti}} = 0$，可得式（4-11）。

$$\frac{\partial W_T}{\partial q_{Ti}} = P_{Ti} - \frac{dC_{Ti}}{dq_{Ti}} + \lambda_{Ti} \left(P_{Ti} + \frac{dP_{Ti}}{dq_{Ti}} \cdot q_{Ti} - \frac{dC_{Ti}}{dq_{Ti}} \right) + \beta_{Ti} = 0 \tag{4-11}$$

假设高铁具有富余生产能力，β_{Ti} 采用非贸易品产出物影子价格确定，采用可变分解成本，即可变成本投入取值计算，由于作业成本具有长期变动成本性质，并且能够反映高铁成本特征，故采用单位作业成本作为 β_{Ti} 值，$\beta_{Ti} = \gamma_{Ti} = \dfrac{dC_{Ti}}{dq_{Ti}}$。

令需求价格弹性 $\varepsilon_{Ti} = \dfrac{dq_{Ti}}{dP_{Ti}} \times \dfrac{P_{Ti}}{q_{Ti}}$，式（4-11）转化为式（4-12）、式（4-13）、式（4-14）。

$$\frac{\partial W_T}{\partial q_{Ti}} = P_{Ti} - \gamma_{Ti} + \lambda_{Ti} \left(P_{Ti} + \frac{dP_{Ti}}{dq_{Ti}} \cdot q_{Ti} - \gamma_{Ti} \right) + \gamma_{Ti} = 0 \tag{4-12}$$

$$P_{Ti} + \lambda_{Ti} P_{Ti} + \lambda_{Ti} \cdot \frac{P_{Ti}}{\varepsilon_{Ti}} - \lambda_{Ti} \gamma_{Ti} = 0 \tag{4-13}$$

$$P_{Ti} = \gamma_{Ti} \cdot \frac{\varepsilon_{Ti}\lambda_{Ti}}{\varepsilon_{Ti}\lambda_{Ti} + \varepsilon_{Ti} + \lambda_{Ti}} \quad\quad (4\text{-}14)$$

由于次优定价是介于社会福利和企业利润均衡之间的定价，因此

式（4-14）限制条件为：$P_{Ti} \geqslant \gamma_{Ti}$，即 $\gamma_{Ti} \cdot \dfrac{\varepsilon_{Ti}\lambda_{Ti}}{\varepsilon_{Ti}\lambda_{Ti} + \varepsilon_{Ti} + \lambda_{Ti}} \geqslant \gamma_{Ti}$，进一步分

析得到式（4-15）。

$$\lambda_{Ti} \sim \begin{cases} \lambda_{Ti} \geqslant -\varepsilon_{Ti}, & \text{当 } \varepsilon_{Ti}\lambda_{Ti} + \varepsilon_{Ti} + \lambda_{Ti} \leqslant 0 \text{ 时} \\ \lambda_{Ti} < -\varepsilon_{Ti}, & \text{当 } \varepsilon_{Ti}\lambda_{Ti} + \varepsilon_{Ti} + \lambda_{Ti} > 0 \text{ 时} \end{cases} \quad\quad (4\text{-}15)$$

为保证定价合理及方法可行，定价同时需满足 $P_{Tn} > P_{T(n+1)}$ 及 $W_T > 0$。

4.3　拉姆齐分时段次优定价模型的构建

由统一定价模型引申推导分时段定价模型，分时段定价参数如下。

高峰期参数。P_{Gi}、γ_{Gi}、f_{Gi}、d_{Gi}、ε_{Gi} 分别为 i 类席别高峰期票价、单位作业成本、固定成本、客运分担率、需求弹性系数；R_{Gi}、q_{Gi}、q_{Gi}、U_{Gi}、V_{Gi}、π_{Gi} 分别为 i 类席别全年视为高峰期的年收入、年设计运能、年实际客运量、期间费用、营业外支出、年总利润；R_G、Q_G、q_G、C_G、U_G、V_G、π_G、S_G、W_G 分别为全年视为高峰期的年总收入、年总设计运能、年实际客运量、年总成本、年总期间费用、年总营业外支出、年总利润、年总消费者剩余、年社会总福利；$P_{Gi}(q_{Gi})$、$S_{Gi}(P_{Gi})$ 和 $C_{Gi}(q_{Gi})$ 分别为高峰期需求逆函数、消费者剩余函数和成本函数。

非高峰期参数。P_{Fi}、γ_{Fi}、f_{Fi}、d_{Fi}、ε_{Fi} 分别为 i 类席别非高峰期票价、单位作业成本、固定成本、客运分担率、需求弹性系数；R_{Fi}、q_{Fi}、q_{Fi}、U_{Fi}、V_{Fi}、π_{Fi} 分别为 i 类席别全年视为非高峰期的年收入、年设计运能、年实际客运量、年期间费用、年营业外支出、年总利润；R_F、Q_F、q_F、C_F、U_F、V_F、π_F、S_F、W_F 分别为全年视为非高峰期的年总收入、年总设计运能、年实际客运量、年总成本、年总期间费用、年总营业外支出、年总利润、年总消费者剩余、年社会总福利；$P_{Fi}(q_{Fi})$、$S_{Fi}(P_{Fi})$ 和 $C_{Fi}(q_{Fi})$

分别为 i 类席别非高峰期需求逆函数、消费者剩余函数和成本函数。

分时段定价总参数。R_T^*、C_T^*、π_T^*、S_T^* 和 W_T^* 分别为考虑时长权重的年总收入、年总成本、年总利润、年总消费者剩余和年社会总福利；U_T^*、V_T^* 为年总期间费用、年总营业外支出；ω 为高峰期时长权重，$1-\omega$ 为非高峰期时长权重。

分时段模型在第 3 章差别拉姆齐模型构建条件之外，还需考虑以下三个条件。①高铁富余生产能力，高峰期不考虑投入额外设备，只考虑加开频次的影响。②为保持票价相对稳定和模型应用方便，年运行周期分为高峰期和非高峰期两个时段，没有进行更详细的划分。③不同时段需求相互独立，某时段票价只与该时段需求有关。

不同时段的不同席别独立实现盈亏平衡下的社会福利最大化目标函数，如式（4-16）~式（4-20）所示。

$$
\begin{aligned}
\max W_T^* &= \omega\Big\{ \sum_{i=1}^n S_{Gi}(P_{Gi}) + \sum_{i=1}^n \pi_{Gi}\Big\} + (1-\omega)\Big\{ \sum_{i=1}^n S_{Fi}(P_{Fi}) + \sum_{i=1}^n \pi_{Fi}\Big\} \\
&= \omega\Big\{ \sum_{i=1}^n \int_0^{x_{Gi}} P_{Gi}(q_{Gi})\,dq_{Gi} - \sum_{i=1}^n (C_{Gi}(q_{Gi}) + U_{Gi} + V_{Gi})\Big\} + \\
&\quad (1-\omega)\Big\{ \sum_{i=1}^n \int_0^{x_{Fi}} P_{Fi}(q_{Fi})\,dq_{Fi} - \sum_{i=1}^n (C_{Fi}(q_{Fi}) + U_{Fi} + V_{Fi})\Big\}
\end{aligned}
$$
$$(4-16)$$

$$\text{s.t. } \omega\big[P_{Gi}(q_{Gi})q_{Gi} - C_{Gi}(q_{Gi}) - U_{Gi} - V_{Gi}\big] = 0 \tag{4-17}$$

$$\text{s.t. } (1-\omega)\big[P_{Fi}(q_{Fi})q_{Fi} - C_{Fi}(q_{Fi}) - U_{Fi} - V_{Fi}\big] = 0 \tag{4-18}$$

$$\text{s.t. } 0 \leqslant q_{Gi} \leqslant q_{Gi} \tag{4-19}$$

$$\text{s.t. } 0 \leqslant q_{Fi} \leqslant q_{Fi} \tag{4-20}$$

模型相关相关算式如下。

（1）全年视为高峰期的算式：$R_G = \sum_{i=1}^n P_{Gi}q_{Gi}$，$C_G = \sum_{i=1}^n C_{Gi}(q_{Gi}) = \sum_{i=1}^n (\gamma_{Gi}q_{Gi} + f_{Gi})$，$U_G = \sum_{i=1}^n U_{Gi}$，$V_G = \sum_{i=1}^n V_{Gi}$，$S_G = \sum_{i=1}^n \int_0^{x_{Gi}} P_{Gi}(q_{Gi})\,dq_{Gi} - R_G$，$\pi_G = R_G - C_G - U_G - V_G$，$W_G = S_G + \pi_G$。

（2）全年视为非高峰期的算式：$R_F = \sum_{i=1}^n P_{Fi}q_{Fi}$，$C_F = \sum_{i=1}^n C_{Fi}(q_{Fi}) = $

$$\sum_{i=1}^{n} (\gamma_{Fi} q_{Fi} + f_{Fi}),\ U_F = \sum_{i=1}^{n} U_{Fi},\ V_F = \sum_{i=1}^{n} V_{Fi},\ S_F = \sum_{i=1}^{n} \int_{0}^{x_{Fi}} P_{Fi}(q_{Fi}) dq_{Fi} - R_F,$$

$$\pi_F = R_F - C_F - U_F - V_F,\ W_F = S_F + \pi_F。$$

（3）分时段定价的算式：$R_T^* = \omega R_G + (1-\omega) R_F$，$C_T^* = \omega C_G + (1-\omega) C_F$，

$U_T^* = \omega U_G + (1-\omega) U_F$，$V_T^* = \omega V_G + (1-\omega) V_F$，$S_T^* = \omega S_G + (1-\omega) S_F$，$\pi_T^* = \omega \pi_G +$

$(1-\omega)\pi_F$，$W_T^* = \omega W_G + (1-\omega) W_F。$

将不同时段不同席别的约束条件进行 Lagrange 乘子处理后求和得到式

（4-21）~式（4-24）。

$$\text{s. t.}\quad \sum \lambda_{Gi} \omega [P_{Gi}(q_{Gi}) q_{Gi} - C_{Gi}(q_{Gi}) - U_{Gi} - V_{Gi}] = 0 \qquad (4\text{-}21)$$

$$\text{s. t.}\quad \sum \lambda_{Fi}(1-\omega)[P_{Fi}(q_{Fi}) q_{Fi} - C_{Fi}(q_{Fi}) - U_{Fi} - V_{Fi}] = 0 \qquad (4\text{-}22)$$

$$\text{s. t.}\quad \sum \beta_{Gi}(q_{Gi} - q_{Gi}) \leqslant 0 \qquad (4\text{-}23)$$

$$\text{s. t.}\quad \sum \beta_{Fi}(q_{Fi} - q_{Fi}) \leqslant 0 \qquad (4\text{-}24)$$

λ_{Gi} 和 λ_{Fi}，β_{Gi} 和 β_{Fi} 为 Lagrange 乘子，λ_{Gi} 和 λ_{Fi} 含义分别为高峰期利润每单位变动对社会总福利的影响和非高峰期利润每单位变动对社会总福利的影响；β_{Gi} 和 β_{Fi} 含义分别为高峰期客运量每单位变动对社会总福利的影响和非高峰期客运量每单位变动对社会总福利的影响。

将式（4-21）、式（4-22）、式（4-23）和式（4-24）加到式（4-16）中转化为式（4-25）。

$$\max W_T^* = \omega \left\{ \sum_{i=1}^{n} \int_{0}^{x_{Gi}} P_{Gi}(q_{Gi}) dq_{Gi} - \sum_{i=1}^{n} (C_{Gi}(q_{Gi}) - U_{Gi} - V_{Gi}) \right\} +$$

$$(1-\omega)\left\{ \sum_{i=1}^{n} \int_{0}^{x_{Fi}} P_{Fi}(q_{Fi}) dq_{Fi} - \sum_{i=1}^{n} (C_{Fi}(q_{Fi}) - U_{Fi} - V_{Fi}) \right\} +$$

$$\omega \left\{ \sum_{i=1}^{n} \lambda_{Gi}[P_{Gi}(q_{Gi}) q_{Gi} - C_{Gi}(q_{Gi}) - U_{Gi} - V_{Gi}] \right\} +$$

$$(1-\omega)\left\{ \sum_{i=1}^{n} \lambda_{Fi}[P_{Fi}(q_{Fi}) q_{Fi} - C_{Fi}(q_{Fi}) - U_{Fi} - V_{Fi}] \right\} +$$

$$\sum_{i=1}^{n} \beta_{Gi}(q_{Gi} - q_{Gi}) + \sum_{i=1}^{n} \beta_{Fi}(q_{Fi} - q_{Fi}) \qquad (4\text{-}25)$$

同样假设高铁具有富余生产能力，β_{Gi} 和 β_{Fi} 采用非贸易品产出物影子价格确定，采用可变分解成本，即可变成本投入取值计算。由于可采用单

位作业成本作为 β_{Gi} 和 β_{Fi} 取值，则有 $\beta_{Gi}=\gamma_{Gi}=\dfrac{dC_{Gi}}{dq_{Gi}}$，$\beta_{Fi}=\gamma_{Fi}=\dfrac{dC_{Fi}}{dq_{Fi}}$。

对 q_{Gi} 求偏导，并令 $\dfrac{\partial W^{*}_{T}}{\partial q_{Gi}}=0$，可得式（4-26）。

$$\frac{\partial W^{*}_{T}}{\partial q_{Gi}}=-\omega\frac{dP_{Gi}}{dq_{Gi}}q_{Gi}+\omega\lambda_{Gi}\left(P_{Gi}+\frac{dP_{Gi}}{dq_{Gi}}q_{Gi}-\gamma_{Gi}\right)+\beta_{Gi}=0 \tag{4-26}$$

对 q_{Fi} 求偏导，并令 $\dfrac{\partial W^{*}_{T}}{\partial q_{Fi}}=0$，可得式（4-27）。

$$\frac{\partial W^{*}_{T}}{\partial q_{Fi}}=-(1-\omega)\frac{dP_{Fi}}{dq_{Fi}}q_{Fi}+(1-\omega)\lambda_{Fi}\left(P_{Fi}+\frac{dP_{Fi}}{dq_{Fi}}q_{Fi}-\gamma_{Fi}\right)+\beta_{Fi}=0 \tag{4-27}$$

令需求价格弹性 $\varepsilon_{Gi}=\dfrac{dq_{Gi}}{dP_{Gi}}\times\dfrac{P_{Gi}}{q_{Gi}}$，$\varepsilon_{Fi}=\dfrac{dq_{Fi}}{dP_{Fi}}\times\dfrac{P_{Fi}}{q_{Fi}}$，式（4-26）、式（4-27）化为式（4-28）、式（4-29）。

$$-\omega\cdot\frac{P_{Gi}}{\varepsilon_{Gi}}+\omega\lambda_{Gi}\left(P_{Gi}-\gamma_{Gi}+\frac{P_{Gi}}{\varepsilon_{Gi}}\right)+\beta_{Gi}=0 \tag{4-28}$$

$$-(1-\omega)\cdot\frac{P_{Fi}}{\varepsilon_{Fi}}+(1-\omega)\lambda_{Fi}\left(P_{Fi}-\gamma_{Fi}+\frac{P_{Fi}}{\varepsilon_{Fi}}\right)+\beta_{Fi}=0 \tag{4-29}$$

解式（4-28）和（4-29）得高峰期和非高峰期的价格分别为式（4-30）、式（4-31）。

$$P_{Gi}=\frac{\varepsilon_{Gi}(\omega\lambda_{Gi}\gamma_{Gi}-\beta_{Gi})}{\omega(\varepsilon_{Gi}\lambda_{Gi}+\lambda_{Gi}-1)} \tag{4-30}$$

$$P_{Fi}=\frac{\varepsilon_{Fi}[(1-\omega)\lambda_{Fi}\gamma_{Fi}-\beta_{Fi}]}{(1-\omega)(\varepsilon_{Fi}\lambda_{Fi}+\lambda_{Fi}-1)} \tag{4-31}$$

将 $\beta_{Gi}=\gamma_{Gi}$ 和 $\beta_{Fi}=\gamma_{Fi}$ 代入式（4-30）和式（4-31）得到式（4-32）、式（4-33）。

$$P_{Gi}=\frac{\varepsilon_{Gi}\gamma_{Gi}(\omega\lambda_{Gi}-1)}{\omega(\varepsilon_{Gi}\lambda_{Gi}+\lambda_{Gi}-1)} \tag{4-32}$$

$$P_{Fi}=\frac{\varepsilon_{Fi}\gamma_{Fi}[(1-\omega)\lambda_{Fi}-1]}{(1-\omega)(\varepsilon_{Fi}\lambda_{Fi}+\lambda_{Fi}-1)} \tag{4-33}$$

由式（4-32）和式（4-33）可见，分时段定价主要受高峰期和非高峰期需求价格弹性、单位作业成本、Lagrange 乘子和各时段时长占总周期权重的影响。为保证定价合理，同时需满足：$P_{Gn} > P_{G(n+1)}$，$P_{Fn} > P_{F(n+1)}$ 及 $W_T^* > 0$。根据次优定价条件：$P_{Gi} \geq \gamma_{Gi}$ 和 $P_{Fi} \geq \gamma_{Fi}$，进一步解得高峰和非高峰期 Lagrange 乘子取值如式（4-34）所示。

$$\lambda_{Gi} \leq 1 - \frac{\varepsilon_{Gi}}{\omega}, \quad \lambda_{Fi} \leq 1 - \frac{\varepsilon_{Fi}}{1-\omega} \tag{4-34}$$

4.4　统一定价模型实施效果分析

按日开行 15 对统一定价，不同席别取不同 λ_{Ti}，根据式（4-15）Lagrange 乘子取值应为：$\lambda_{T1} \geq 4.068$ 或者 $\lambda_{T1} < 4.068$；$\lambda_{T2} \geq 7.962$ 或者 $\lambda_{T2} < 7.962$。但受年设计运能限制，客运量需满足 $0 \leq q_{T1} \leq 65.70$ 万人，$0 \leq q_{T2} \leq 613.20$ 万人，同时需满足合理定价 $P_{T1} > P_{T2}$ 及社会总福利 $W_T > 0$，因此 λ_{Ti} 为实际测算取值。本算例 λ_{T1} 取值为 $\lambda_{T1} \geq 4.068$ 或 $\lambda_{T1} < 4.068$ 时，q_{T1} 均在设计运能范围内；而 $\lambda_{T2} \geq 7.962$ 时，$q_{T2} > 613.2$ 万人，超出设计运能，故 λ_{T2} 取值 $\lambda_{T2} < 7.962$。本算例测算两种方案。

第一种方案，乘子取值 $\lambda_{T1} \geq 4.068$，$\lambda_{T2} < 7.962$。模拟显示：当 λ_{T1} 和 λ_{T2} 取值为：$\lambda_{T1} \in [6.0000, 8.0000]$，$\lambda_{T2} \in [-6.9260, -6.2460]$ 时，票价 $P_{T1} \in [50.66, 53.06]$ 元，$P_{T2} \in [46.83, 47.86]$ 元；客运量 $q_{T1} \in [4.43, 5.35]$ 万人，$q_{T2} \in [515.62, 613.20]$ 万人。本算例由于 q_{T1} 随 λ_{T1} 变化微弱，故未对 λ_{T1} 取值到设计运能 $q_{T1} = 65.7$ 万人。企业利润 $\pi_T \in [-65821.03, -65125.64]$ 万元，消费者剩余 $S_T \in [65821.03, 76480.23]$ 万元，社会总福利 $W_T \in [0, 11354.59]$ 万元。随着 λ_{Ti} 增加，票价 P_{Ti} 增加，客运量 q_{Ti} 下降，π_T、S_T 下降，累计 W_T 逐渐下降并趋近于 0，如表 4-1 所示。

表 4-1　全年日开行 15 对统一定价参数模拟计算（$\lambda_{T1} \geq 4.068$，$\lambda_{T2} < 7.962$）

λ_{T1}	6.0000	6.4000	6.6000	6.8000	7.0000	8.0000
λ_{T2}	-6.9260	-6.7500	-6.7000	-6.6000	-6.5000	-6.2460

续表

P_{T1}（元）	50.66	51.24	51.51	51.76	52.00	53.06
P_{T2}（元）	46.83	47.08	47.15	47.30	47.45	47.86
q_{T1}（万人）	5.35	5.10	5.00	4.90	4.81	4.43
q_{T2}（万人）	613.20	588.46	581.37	567.09	552.69	515.62
$\int_0^{x_{T1}} P_{T1}(q_{T1})dq_{T1}$（万元）	3431.92	3314.84	3262.53	3213.80	3168.30	2979.77
$\int_0^{x_{T2}} P_{T2}(q_{T2})dq_{T2}$（万元）	102037.75	98448.01	97414.56	95329.55	93220.48	87756.06
R_{T1}（万元）	270.86	261.57	257.42	253.56	249.95	234.99
R_{T2}（万元）	28718.58	27703.22	27410.94	26821.32	26224.95	24680.15
$C_{T1}+U_{T1}$（万元）	7306.19	7294.91	7289.92	7285.28	7280.98	7263.37
$C_{T2}+U_{T2}$（万元）	86808.88	85963.36	85720.79	85232.57	84740.33	83472.80
π_T（万元）	-65125.64	-65293.48	-65342.34	-65442.98	-65546.41	-65821.03
S_T（万元）	76480.23	73798.06	73008.72	71468.47	69913.88	65821.03
W_T（万元）	11354.59	8504.58	7666.38	6025.50	4367.46	0.00

第二种方案，乘子取值 $\lambda_{T1}<4.068$，$\lambda_{T2}<7.962$。模拟显示：当 λ_{T1} 和 λ_{T2} 取值为：$\lambda_{T1}\in[-8.5000,-7.5000]$，$\lambda_{T2}\in[-6.9260,-6.3540]$ 时，票价 $P_{T1}\in[73.29,75.14]$ 元，$P_{T2}\in[46.83,47.68]$ 元；客运量 $q_{T1}\in[1.08,1.19]$ 万人，$q_{T2}\in[531.47,613.20]$ 万人。企业利润 $\pi_T\in(-65706.04,-65115.37]$ 万元，消费者剩余 $S_T\in[65706.04,74344.32]$ 万元，社会总福利 $W_T\in(0,9228.96]$ 万元。随着 λ_{Ti} 增加，票价 P_{Ti} 增加，客运量 q_{Ti} 下降，π_T、S_T 呈下降趋势，累计结果 W_T 逐渐下降并趋近于0，如表4-2所示。

表4-2　全年日开行 15 对统一定价参数模拟计算（$\lambda_{T1}<4.068$，$\lambda_{T2}<7.962$）

λ_{T1}	-8.5000	-8.3000	-8.1000	-7.9000	-7.7000	-7.5000
λ_{T2}	-6.9260	-6.8000	-6.7000	-6.6000	-6.5000	-6.3540
P_{T1}（元）	73.29	73.62	73.96	74.33	74.72	75.14

续表

P_{T2}（元）	46.83	47.01	47.15	47.30	47.45	47.68
q_{T1}（万人）	1.19	1.17	1.15	1.12	1.10	1.08
q_{T2}（万人）	613.20	595.53	581.37	567.09	552.69	531.47
$\int_0^{x_{T1}} P_{T1}(q_{T1})dq_{T1}$（万元）	1112.39	1097.35	1081.71	1065.43	1048.50	1030.85
$\int_0^{x_{T2}} P_{T2}(q_{T2})dq_{T2}$（万元）	102037.75	99475.43	97414.56	95329.55	93220.48	90098.23
R_{T1}（万元）	87.25	86.06	84.83	83.54	82.21	80.82
R_{T2}（万元）	28718.58	27993.81	27410.94	26821.32	26224.95	25342.23
$C_{T1}+U_{T1}$（万元）	7112.31	7111.31	7110.27	7109.20	7108.09	7106.94
$C_{T2}+U_{T2}$（万元）	86808.88	86204.89	85720.79	85232.57	84740.33	84014.69
π_T（万元）	-65115.37	-65236.33	-65335.29	-65436.91	-65541.26	-65706.04
S_T（万元）	74344.32	72492.91	71000.50	69490.13	67961.81	65706.04
W_T（万元）	9228.96	7256.58	5665.21	4053.22	2420.55	0.00

据第二种方案的测算结果表4-2绘制的参数变动趋势如图4-3和图4-4所示，图中λ为λ_{T1}和λ_{T2}的平均值，非连续部分为λ的非取值区间。

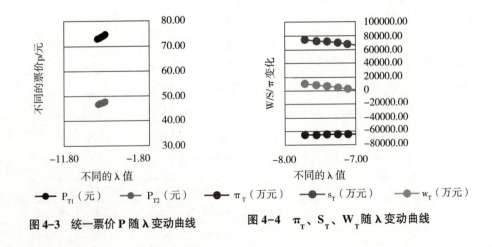

图4-3 统一票价P随λ变动曲线　　图4-4 π_T、S_T、W_T随λ变动曲线

4.5　拉姆齐分时段次优定价模型的实例

根据国内高铁运营特点，一年中的高峰期为寒暑运和春运等节假日，其他时间为非高峰期。根据中国铁路总公司网页（www. china‑railway. com. cn）2013 年高速铁路客流量统计，高峰期时长为 122 天，约占年运行周期的 1/3，非高峰期时长为 243 天，约占年运行周期的 2/3，如表 4‑3 所示。

表 4‑3　2013 年全国高速铁路客流量统计

月份	高峰期天数	非高峰期天数	高峰期客流量（万人次）	非高峰期客流量（万人次）	合　计（万人次）
1	7	24	1300	3500	4800
2	28	0	5500	0	5500
3	6	25	900	3200	4100
4	3	27	900	3000	3900
5	3	28	1000	2800	3800
6	3	27	1000	3400	4400
7	31	0	5700	0	5700
8	31	0	5900	0	5900
9	3	27	600	3600	4200
10	7	24	1500	2900	4400
11	0	30	0	3300	3300
12	0	31	0	3200	3200
合计	122	243	24300	28900	53200

根据表 4‑3 绘制的全国高铁客流量变化趋势如图 4‑5 所示。

根据表 4‑3 的统计数据计算，高峰期日均客流量为 199.18 万人次，非高峰期日均客流量为 118.93 万人次，高峰期约为非高峰期日均客流量的

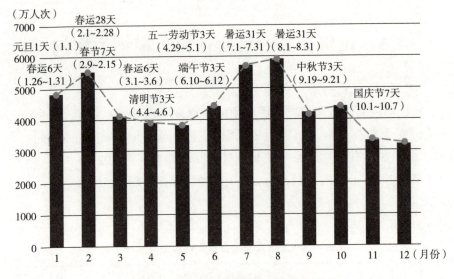

图 4-5　2013 年全国高铁客流量变化趋势

1.67 倍。根据 2015 年运行状况，呼包高铁日开行 15 对动车，7~8 月暑运和国庆节期间加开 3 对动车，全年上座率平均为 70% 左右。本章以日开行 15 对为非高峰期，以日开行 18 对为高峰期，高峰期最大日开行 15 对×1.67 倍≈25 对。以日开行 15 对的作业成本和需求弹性作为测算非高峰定价方案的依据，以日开行 18 对的作业成本和需求弹性作为测算高峰期定价方案的依据。

本算例取 5 种开行方案测算模型实施效果，即高峰期日开行 18 对，非高峰期日开行 15 对；高峰期日开行 19 对，非高峰期日开行 15 对；高峰期日开行 20 对，非高峰期日开行 15 对；高峰期日开行 22 对，非高峰期日开行 15 对；高峰期日开行 25 对，非高峰期日开行 15 对。实例分不同开行对数成本分析、交通需求弹性分析、分时段定价模型实施效果分析、统一定价和分时段定价模型实施效果对比分析四部分。

4.5.1　不同开行对数成本分析

沿用第 3 章的呼包高铁作业成本计算结果，以非高峰期日开行 15 对成本为基数，测算日开行 18 对、19 对、20 对、22 对、25 对的作业成本和单位作业成本。假设车站建筑物维修费不变，其他作业成本与开行对数同比增长 20%、27%、33%、47%、67%。年作业成本测算结果如表 4-4 所示。

表 4-4　呼包高铁不同开行对数年作业成本测算

单位：万元

作业名称	作业指标	支出科目	日开行 15 对	日开行 18 对	日开行 19 对	日开行 20 对	日开行 22 对	日开行 25 对
发到作业	发送人数	车站旅客服务费用	1485.41	1782.49	1886.47	1975.60	2183.55	2480.63
		车站其他间接费用	118.83	142.60	150.91	158.04	174.68	198.45
运行作业	列车小时	动车乘务人员工资	1485.41	1782.49	1886.47	1975.60	2183.55	2480.63
		动车综合调度费用	74.27	89.12	94.32	98.78	109.18	124.03
		动车运行其他费用	60.00	72.00	76.20	79.80	88.20	100.20
	总重吨公里	动车牵引能耗费用	2232.44	2678.93	2835.20	2969.15	3281.69	3728.17
		动车运行其他费用	17.86	21.43	22.68	23.75	26.25	29.83
	列车公里	动车大中修费用	1760.00	2112.00	2235.20	2340.80	2587.20	2939.20
		动车日常维修费用	3740.00	4488.00	4749.80	4974.20	5497.80	6245.80
		动车综合检测费用	110.00	132.00	139.70	146.30	161.70	183.70
轨道线路作业	总重吨公里	正线大修费用	1589.54	1907.45	2018.72	2114.09	2336.62	2654.53
		正线日常维修费用	1522.94	1827.53	1934.13	2025.51	2238.72	2543.31
		站线大修费用	85.88	103.06	109.07	114.22	126.24	143.42
		站线日常维修费用	76.14	91.37	96.70	101.27	111.93	127.15
		道岔维修费用	414.78	497.74	526.77	551.66	609.73	692.68
		养路机械费用	82.95	99.54	105.35	110.32	121.94	138.53
		工务部门其他费用	318.11	381.73	404.00	423.09	467.62	531.24
供电及通信作业	列车公里	牵引供电系统费用	2164.24	2597.09	2748.58	2878.44	3181.43	3614.28
		通信信号系统费用	2005.74	2406.89	2547.29	2667.63	2948.44	3349.59
		防灾报警系统费用	690.21	828.25	876.57	917.98	1014.61	1152.65
		维修设备费用	65.65	78.78	83.38	87.31	96.51	109.64
		供电电务其他费用	492.58	591.10	625.58	655.13	724.09	822.61

作业 名称	作业 指标	支出科目	日开行 15 对	日开行 18 对	日开行 19 对	日开行 20 对	日开行 22 对	日开行 25 对
车站站 舍及服 务作业	发送 人数	车站建筑物维修费用	2810.75	2810.75	2810.75	2810.75	2810.75	2810.75
		给排水等作业费用	502.00	602.40	637.54	667.66	737.94	838.34
		其他服务费用	55.00	66.00	69.85	73.15	80.85	91.85
合计			23960.74	28191.73	29671.21	30940.22	33901.23	38131.25

根据表 4-4 汇总计算不同开行对数年作业成本和单位作业成本，如表 4-5 所示。

表 4-5　呼包高铁不同开行对数年作业成本汇总计算

序号	项　目	日开行 15 对	日开行 18 对	日开行 19 对	日开行 20 对	日开行 22 对	日开行 25 对
1	发到作业成本（万元）	1604.25	1925.09	2037.38	2133.64	2358.23	2679.08
2	运行作业成本（万元）	1619.69	1943.62	2056.99	2154.17	2380.93	2704.87
		2250.29	2700.36	2857.88	2992.90	3307.94	3758.00
		5610.00	6732.00	7124.70	7461.30	8246.70	9368.73
3	轨道线路作业成本（万元）	4090.34	4909.41	5194.73	5440.15	6012.80	6830.87
4	供电及通信作业成本（万元）	5418.42	6502.10	6881.39	7206.50	7965.08	9048.76
5	车站站舍及服务作业成本（万元）	3367.75	3479.15	3518.14	3551.56	3629.54	3740.94
6	作业成本合计（1+2+3+4+5）	23960.74	28191.73	29671.21	30940.22	33901.22	38131.25
7	客运量（万人）	678.90	814.68	859.94	905.20	995.72	1131.50
8	一等座单位作业成本（元）	45.59	44.70	44.57	44.15	43.98	43.53
9	一等座差别服务费（元）	1.06	1.05	1.05	1.05	1.04	1.04
10	一等座含差别服务费单位作业成本（元）（8+9）	46.65	45.75	45.62	45.20	45.10	44.57
11	二等座单位作业成本（元）	34.19	33.52	33.43	33.11	32.98	32.65

根据表 4-5 分析，不同开行对数单位作业成本呈下降趋势，呈现规模经济。

4.5.2　交通需求弹性分析

为了调查高峰期不同类别客户的出行行为，测算需求弹性，本算例于 2015 年 7 月下旬（日开行 18 对）在包头火车站动车组候车室现场发放并回收问卷，就旅客属性、出行目的、旅客对动车组票价、服务、速度的评价等问题进行了调研，调研对象为动车候车人员。截至 2015 年 8 月初调查结束，共发放问卷 1000 份，回收问卷中，一等座有效问卷 788，二等座有效问卷 812 份，利用 SPSS 20.0 统计分析。

以 q 代表估计值，则回归方程为：$q = aP^b$，两边取对数转化为线性方程 $\ln(q) = \ln(aP^b) = \ln(a) + b\ln(P)$，设 $q' = \ln(q)$、$a' = \ln(a)$、$P' = \ln(P)$，则 $q' = a' + bP'$。根据最小二乘法原理，一等座解标准方程组得：$a = 7 \times 10^9$，$b = -3.908$。一等座需求函数：$q_{G1} = 2 \times 10^9 P_{G1}^{-3.908}$，需求价格弹性：$\varepsilon_{G1} = \dfrac{dq_{G1}}{dP_{G1}} \times \dfrac{P_{G1}}{q_{G1}} = -3.908$。判定系数 $R^2 = 0.9012$，说明回归方程对观测值的拟合程度较好。

2015 年 7 月一等座客流量和票价调研资料统计如表 4-6 所示。

表 4-6　2015 年 7 月一等座客流量和票价调研资料统计

一等座票价（元）	数量（人）	占总数比例	票价均值（元）
50~60	398	0.5051	55
61~70	195	0.2475	65
71~80	123	0.1561	75
80 元以上	72	0.0913	85
合计	788	1.0000	

利用 t 检验，$t = 4.271 > t_{0.05(2)} = 2.92$，说明 P_{G1} 与 q_{G1} 相关性显著。

一等座幂函数拟合与样本结果对比及拟合需求弹性如图 4-6 所示。

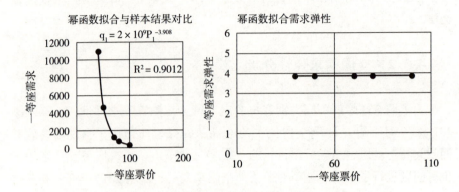

图 4-6　一等座幂函数拟合与样本结果对比及拟合需求弹性

根据最小二乘法原理，二等座解标准方程组得：$a = 2 \times 10^{12}$，$b = -6.202$。二等座需求函数：$q_{G2} = 2 \times 10^{12} P_{G2}^{-6.202}$，需求弹性：$\varepsilon_{G2} = \dfrac{dq_{G2}}{dP_{G2}} \times \dfrac{P_{G2}}{q_{G2}} = -6.202$。相关系数 $R^2 = 0.8703$，说明回归方程对观测值的拟合程度较好。

2015 年 7 月二等座客流量和票价调研资料统计如表 4-7 所示。

表 4-7　2015 年 7 月二等座客流量和票价调研资料统计

二等座票价（元）	数 量（人）	占总数比例	票价均值（元）
30~40	592	0.7290	35
41~50	130	0.1601	45
51~60	52	0.0640	55
61~70	31	0.0382	65
70 元以上	7	0.0086	75
合计	812	1.0000	

利用 t 检验，$t = 4.487 > t_{0.05(3)} = 2.353$，说明 P_{G2} 与 q_{G2} 相关性显著。二等座幂函数拟合与样本结果对比及拟合需求弹性如图 4-7 所示。

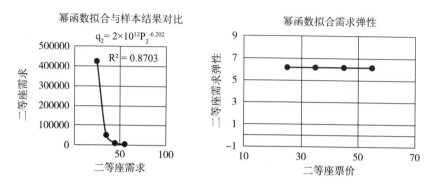

图 4-7 二等座幂函数拟合与样本结果对比及拟合需求弹性

非高峰期（日开行 15 对）不同席别幂函数拟合需求弹性见第 3 章。在成本分析和交通需求弹性分析的基础上，对分时段定价模型进行参数模拟，并对分时段定价和统一定价模型的实施效果对比分析。

4.5.3 分时段定价模型实施效果分析

根据上述不同开行对数成本测算和需求函数拟合结果，高峰期利用式（4-32）、式（4-34）及相关算式，非高峰期利用式（4-33）、式（4-34）及相关算式，测算非高峰期日开行 15 对，高峰期日开行分别为 18 对、19 对、20 对、22 对和 25 对 5 种方案的实施效果。本书未对开行 19 对、20 对、22 对和 25 对进行需求调研，假设开行 18 对需求函数拟合结果具有一般性，同样适用于开行 19 对、20 对、22 对和 25 对的计算。根据式（4-34），Lagrange 乘子取值为：$\lambda_{G1} < 12.724$，$\lambda_{G2} < 19.606$；$\lambda_{F1} < 7.102$，$\lambda_{F2} < 12.943$。但是受设计运能限制，非高峰期开行 15 对客运量需满足 $q_{F1} \in [0, 65.70]$ 万人，$q_{F2} \in [0, 613.20]$ 万人；高峰期开行 18 对客运量需满足 $q_{G1} \in [0, 78.84]$ 万人，$q_{G2} \in [0, 735.84]$ 万人；高峰期开行 19 对客运量需满足 $q_{G1} \in [0, 83.22]$ 万人，$q_{G2} \in [0, 776.72]$ 万人；高峰期开行 20 对客运量需满足 $q_{G1} \in [0, 87.60]$ 万人，$q_{G2} \in [0, 817.60]$ 万人；高峰期开行 22 对客运量需满足 $q_{G1} \in [0, 96.36]$ 万人，$q_{G2} \in [0, 899.36]$ 万人；高峰期开行 25 对客运量需满足 $q_{G1} \in [0, 109.50]$ 万人，$q_{G2} \in$

[0，1022] 万人。同时受 $P_{F1} > P_{F2}$，$P_{G1} > P_{G2}$ 及 $W_T^* > 0$ 等条件限制，Lagrange 乘子为实际取值。5 种方案数据模拟如表 4-8~表 4-12 所示。

表 4-8　非高峰日开行 15 对、高峰日开行 18 对参数模拟计算

λ_{F1}	-8.5000	-8.3000	-8.1000	-7.9000	-7.7000	-7.5000
λ_{F2}	-6.9260	-6.8000	-6.7000	-6.6000	-6.5000	-6.3540
λ_{G1}	-17.0000	-16.9900	-16.9800	-16.9700	-16.9600	-16.7600
λ_{G2}	-5.0182	-5.0130	-4.9800	-4.9500	-4.9000	-4.8870
P_{F1}（元）	73.29	73.62	73.96	74.33	74.72	75.14
P_{F2}（元）	46.83	47.01	47.15	47.30	47.45	47.68
P_{G1}（元）	73.83	73.85	74.04	74.41	74.76	75.18
P_{G2}（元）	66.40	66.43	66.61	66.78	67.06	67.14
q_{F1}（万人）	1.19	1.17	1.15	1.12	1.10	1.08
q_{F2}（万人）	613.20	595.53	581.37	567.09	552.69	531.47
q_{G1}（万人）	78.84	78.82	78.79	78.76	78.73	78.10
q_{G2}（万人）	735.84	733.89	721.52	710.33	691.83	687.05
$\int_0^{x_F} P_F(q_F)\,dq_F$（万元）	103150.14	100572.78	98496.27	96394.99	94268.97	91129.08
R_F（万元）	28805.82	28079.87	27495.77	26904.86	26307.16	25423.04
$C_F + U_F$（万元）	93921.19	93316.20	92831.06	92341.77	91848.42	91121.63
$\int_0^{x_G} P_G(q_G)\,dq_G$（万元）	104614.69	104410.70	103142.63	101993.08	100088.11	99504.41
R_G（万元）	54680.74	54570.03	53877.87	53250.46	52210.22	51906.73
$C_G + U_G$（万元）	101173.77	101106.76	100690.52	100314.16	99692.54	99503.67
$\pi_T^* = (1-\omega)\pi_F + \omega\pi_G$（万元）	-58907.92	-59003.13	-59161.08	-59312.51	-59521.62	-59664.71
$S_T^* = (1-\omega)S_F + \omega S_G$（万元）	66207.53	64942.16	63755.25	62574.29	61267.17	59664.71
$W_T^* = (1-\omega)W_F + \omega W_G$（万元）	7299.61	5939.03	4594.18	3261.78	1745.56	0.00

注：为了计算精确，λ 值保留小数点后 4 位数，其余参数保留小数点后 2 位数。

表 4-9 非高峰日开行 15 对、高峰日开行 19 对参数模拟计算

λ_{F1}	-8.5000	-8.3000	-8.1000	-7.9000	-7.7000	-7.5000
λ_{F2}	-6.9260	-6.8000	-6.7000	-6.6000	-6.5000	-6.3540
λ_{G1}	-16.72	-16.7	-16.65	-16.6000	-16.5500	-16.5000
λ_{G2}	-4.9857	-4.95	-4.9	-4.8500	-4.8000	-4.7385
P_{F1}（元）	73.29	73.62	73.96	74.33	74.72	75.14
P_{F2}（元）	46.83	47.01	47.15	47.30	47.45	47.68
P_{G1}（元）	73.83	73.84	74.15	74.52	74.86	75.22
P_{G2}（元）	66.40	66.60	66.88	67.17	67.47	67.84
q_{F1}（万人）	1.19	1.17	1.15	1.12	1.10	1.08
q_{F2}（万人）	613.20	595.53	581.37	567.09	552.69	531.47
q_{G1}（万人）	83.22	83.16	83.00	82.83	82.66	82.48
q_{G2}（万人）	776.72	762.40	742.54	722.88	703.40	679.73
$\int_0^{x_F} P_F(q_F)dq_F$（万元）	103150.14	100572.78	98496.27	96394.99	94268.97	91129.08
R_F（万元）	28805.82	28079.87	27495.77	26904.86	26307.16	25423.04
C_F+U_F（万元）	93921.19	93316.20	92831.06	92341.77	91848.42	91121.63
$\int_0^{x_G} P_G(q_G)dq_G$（万元）	109393.71	107937.58	105896.46	103866.13	101846.97	99385.01
R_G（万元）	57716.49	56915.53	55794.57	54679.54	53570.64	52217.63
C_G+U_G（万元）	102662.50	102181.58	101509.99	100844.76	100186.02	99386.68
$\pi_T^*=(1-\omega)\pi_F+\omega\pi_G$（万元）	-58392.25	-58579.57	-58795.33	-59013.01	-59232.64	-59522.08
$S_T^*=(1-\omega)S_F+\omega S_G$（万元）	66788.62	65335.96	64034.29	62722.28	61399.98	59522.08
$W_T^*=(1-\omega)W_F+\omega W_G$（万元）	8396.37	6756.39	5238.96	3709.27	2167.35	0.00

注：为了计算精确，λ 值保留小数点后 4 位数，其余参数保留小数点后 2 位数。

表 4-10　非高峰日开行 15 对、高峰日开行 20 对参数模拟计算

λ_{F1}	-8.5000	-8.3000	-8.1000	-7.9000	-7.7000	-7.5000
λ_{F2}	-6.9260	-6.8000	-6.7000	-6.6000	-6.5000	-6.3540
λ_{G1}	-15.8680	-15.8000	-15.7000	-15.6000	-15.5000	-15.4000
λ_{G2}	-4.8726	-4.8500	-4.8000	-4.7000	-4.6200	-4.5280
P_{F1}（元）	73.29	73.62	73.96	74.33	74.72	75.14
P_{F2}（元）	46.83	47.01	47.15	47.30	47.45	47.68
P_{G1}（元）	73.83	73.88	74.17	74.46	74.85	75.36
P_{G2}（元）	66.40	66.53	66.82	67.43	67.93	68.54
q_{F1}（万人）	1.19	1.17	1.15	1.12	1.10	1.08
q_{F2}（万人）	613.20	595.53	581.37	567.09	552.69	531.47
q_{G1}（万人）	87.60	87.34	86.95	86.55	86.15	85.75
q_{G2}（万人）	817.60	807.69	785.94	743.09	709.49	671.59
$\int_0^{x_F} P_F(q_F)\,dq_F$（万元）	103150.14	100572.78	98496.27	96394.99	94268.97	91129.08
R_F（万元）	28805.82	28079.87	27495.77	26904.86	26307.16	25423.04
C_F+U_F（万元）	93921.19	93316.20	92831.06	92341.77	91848.42	91121.63
$\int_0^{x_G} P_G(q_G)\,dq_G$（万元）	114135.18	113103.59	110858.05	106461.49	102971.86	99012.83
R_G（万元）	60755.35	60188.46	58949.98	56516.05	54586.12	52395.25
C_G+U_G（万元）	103931.12	103591.08	102852.87	101416.39	100285.53	99012.70
$\pi_T^*=(1-\omega)\pi_F+\omega\pi_G$（万元）	-57802.17	-57958.43	-58191.15	-58591.38	-58927.31	-59338.21
$S_T^*=(1-\omega)S_F+\omega S_G$（万元）	67356.16	65966.99	64636.35	62975.23	61436.45	59338.21
$W_T^*=(1-\omega)W_F+\omega W_G$（万元）	9553.99	8008.55	6445.20	4383.85	2509.14	0.00

注：为了计算精确，λ 值保留小数点后 4 位数，其余参数保留小数点后 2 位数。

表 4-11　非高峰日开行 15 对、高峰日开行 22 对参数模拟计算

λ_{F1}	-8.5000	-8.3000	-8.1000	-7.9000	-7.7000	-7.5000
λ_{F2}	-6.9260	-6.8000	-6.7000	-6.6000	-6.5000	-6.3540
λ_{G1}	-15.5250	-15.4000	-15.3000	-15.2000	-15.1000	-15.0000
λ_{G2}	-4.8275	-4.7000	-4.6000	-4.5000	-4.4000	-4.3085
P_{F1}（元）	73.29	73.62	73.96	74.33	74.72	75.14
P_{F2}（元）	46.83	47.01	47.15	47.30	47.45	47.68
P_{G1}（元）	73.83	73.94	74.23	74.42	74.81	75.49
P_{G2}（元）	66.40	67.16	67.80	68.46	69.15	69.81
q_{F1}（万人）	1.19	1.17	1.15	1.12	1.10	1.08
q_{F2}（万人）	613.20	595.53	581.37	567.09	552.69	531.47
q_{G1}（万人）	96.36	95.80	95.35	94.89	94.43	93.97
q_{G2}（万人）	899.36	837.59	790.35	744.19	699.15	658.97
$\int_0^{x_F} P_F(q_F)\,dq_F$（万元）	103150.14	100572.78	98496.27	96394.99	94268.97	91129.08
R_F（万元）	28805.82	28079.87	27495.77	26904.86	26307.16	25423.04
C_F+U_F（万元）	93921.19	93316.20	92831.06	92341.77	91848.42	91121.63
$\int_0^{x_G} P_G(q_G)\,dq_G$（万元）	123492.89	117285.86	112484.48	107747.53	103079.29	98866.30
R_G（万元）	66829.67	63340.23	60641.25	57978.51	55354.46	52987.27
C_G+U_G（万元）	106899.18	104837.38	103258.78	101715.84	100209.96	98863.91
$\pi_T^* = (1-\omega)\pi_F + \omega\pi_G$（万元）	-56766.74	-57323.27	-57762.70	-58203.71	-58646.01	-59091.27
$S_T^* = (1-\omega)S_F + \omega S_G$（万元）	68450.62	66310.48	64614.74	62916.42	61216.15	59091.27
$W_T^* = (1-\omega)W_F + \omega W_G$（万元）	11683.88	8987.21	6852.04	4712.71	2570.14	0.00

注：为了计算精确，λ 值保留小数点后 4 位数，其余参数保留小数点后 2 位数。

表 4-12　非高峰日开行 15 对、高峰日开行 25 对参数模拟计算

λ_{F1}	-8.5000	-8.3000	-8.1000	-7.9000	-7.7000	-7.5000
λ_{F2}	-6.9260	-6.8000	-6.7000	-6.6000	-6.5000	-6.3540
λ_{G1}	-14.7200	-14.5000	-14.0000	-13.5000	-13.0000	-12.5000
λ_{G2}	-4.7155	-4.6000	-4.4000	-4.2000	-4.1000	-4.0215
P_{F1}（元）	73.29	73.62	73.96	74.33	74.72	75.14
P_{F2}（元）	46.83	47.01	47.15	47.30	47.45	47.68
P_{G1}（元）	73.83	74.05	74.56	75.12	75.72	76.37
P_{G2}（元）	66.40	67.12	68.46	69.93	70.73	71.38
q_{F1}（万人）	1.19	1.17	1.15	1.12	1.10	1.08
q_{F2}（万人）	613.20	595.53	581.37	567.09	552.69	531.47
q_{G1}（万人）	109.50	108.26	105.35	102.32	99.18	95.92
q_{G2}（万人）	1022.00	955.92	845.62	740.98	690.91	652.69
$\int_0^{x_F} P_F(q_F)\,dq_F$（万元）	103150.14	100572.78	98496.27	96394.99	94268.97	91129.08
R_F（万元）	28805.82	28079.87	27495.77	26904.86	26307.16	25423.04
C_F+U_F（万元）	93921.19	93316.20	92831.06	92341.77	91848.42	91121.63
$\int_0^{x_G} P_G(q_G)\,dq_G$（万元）	137269.67	130674.65	119396.59	108446.46	102889.62	98486.17
R_G（万元）	75945.75	72175.34	65744.68	59504.94	56375.13	53913.09
C_G+U_G（万元）	111150.49	108936.27	105205.39	101654.21	99879.34	98486.15
$\pi_T^*=(1-\omega)\pi_F+\omega\pi_G$（万元）	-55145.16	-55744.53	-56710.43	-57674.36	-58195.58	-58656.75
$S_T^*=(1-\omega)S_F+\omega S_G$（万元）	70004.19	67828.38	65217.64	62640.59	60812.71	58656.75
$W_T^*=(1-\omega)W_F+\omega W_G$（万元）	14859.03	12083.85	8507.20	4966.23	2617.13	0.00

注：为了计算精确，λ 值保留小数点后 4 位数，其余参数保留小数点后 2 位数。

根据表 4-8 至表 4-12 绘制的不同分时段定价方案实施效果如表 4-13 所示。

表 4-13　分时段定价方案实施效果

参数＼方案	非高峰 15 对，高峰 18 对	非高峰 15 对，高峰 19 对	非高峰 15 对，高峰 20 对	非高峰 15 对，高峰 22 对	非高峰 15 对，高峰 25 对
λ_{F1}	[-8.50, -7.50)	[-8.50, -7.50)	[-8.50, -7.50)	[-8.50, -7.50)	[-8.50, -7.50)
λ_{F2}	[-6.93, -6.35)	[-6.93, -6.35)	[-6.93, -6.35)	[-6.93, -6.35)	[-6.93, -6.35)
λ_{G1}	[-17, -16.76)	[-16.72, -16.50)	[-15.87, -15.4)	[-15.53, -15.00)	[-14.72, -12.50)
λ_{G2}	[-5.02, -4.89)	[-4.99, -4.74)	[-4.87, -4.53)	[-4.83, -4.31)	[-4.72, -4.02)
P_{F1}（元）	[73.29, 75.14)	[73.29, 75.14)	[73.29, 75.14)	[73.29, 75.14)	[73.29, 75.14)
P_{F2}（元）	[46.83, 47.68)	[46.83, 47.68)	[46.83, 47.68)	[46.83, 47.68)	[46.83, 47.68)
P_{G1}（元）	[73.83, 75.18)	[73.83, 75.22)	[73.83, 75.36)	[73.83, 75.49)	[73.83, 76.37)
P_{G2}（元）	[66.40, 67.14)	[66.40, 67.84)	[66.40, 68.54)	[66.40, 69.81)	[66.40, 71.38)
q_{F1}（万人）	(1.08, 1.19]	(1.08, 1.19]	(1.08, 1.19]	(1.08, 1.19]	(1.08, 1.19]
q_{F2}（万人）	(531.47, 613.20]	(531.47, 613.20]	(531.47, 613.20]	(531.47, 613.20]	(531.47, 613.20]
q_{G1}（万人）	(78.10, 78.84]	(82.48, 83.22]	(85.75, 87.60]	(93.97, 96.36]	(95.92, 109.5]
q_{G2}（万人）	(687.05, 735.84]	(679.73, 776.22]	(671.59, 817.60]	(658.97, 899.36]	(652.69, 1022]
π_T^*（亿元）	(-5.97, -5.89]	(-5.95, -5.84]	(-5.93, -5.78]	(-5.91, -5.68]	(-5.79, -5.32]
S_T^*（亿元）	(5.97, 6.62]	(5.95, 6.68]	(5.93, 6.74]	(5.91, 6.85]	(5.79, 7.00]
W_T^*（亿元）	(0.00, 0.73]	(0.00, 0.84]	(0.00, 0.96]	(0.00, 1.17]	(0.00, 1.68]

由表 4-13 可知,从每一种分时段定价方案看,在 λ 取值区间内,随着 λ 值增加,票价 P 逐渐增加,客运量 q 逐渐下降,企业利润 π_T^* 和消费者剩余 S_T^* 逐渐下降,累计效应社会总福利 W_T^* 逐渐下降,直至为 0。例如高峰期开行 18 对时,随着票价增加,企业利润 π_T^* 取值从 -5.89 亿元降至 -5.97 亿元;消费者剩余 S_T^* 取值从 6.62 亿元降至 5.97 亿元;社会总福利 W_T^* 取值从 0.73 亿元降至 0。

从不同分时段定价方案看,随着高峰期日开行对数增加,企业利润 π_T^* 呈逐渐增加趋势,企业效益不断提高。例如在开行 18 对时 π_T^* 最大取值 -5.89 亿元,随着开行对数增加,到开行 25 对时增至 -5.32 亿元。社会总福利 W_T^* 也呈逐渐增加趋势,社会效益不断提高。在开行 18 对时 W_T^* 最大取值 0.73 亿元,到开行 25 对时增至 1.68 亿元。

以高峰期开行 18 对为例绘制的分时段定价效果如图 4-8 和图 4-9 所示,图中 λ 为 λ_{F1}、λ_{F2}、λ_{G1}、λ_{G2} 的平均值,非连续部分为 λ 的非取值区间。

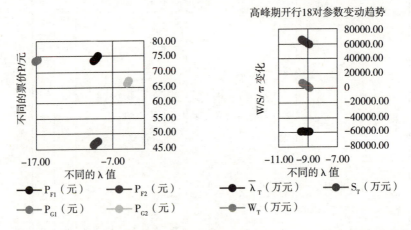

图 4-8 分时段票价 P 随 λ 的变动曲线　图 4-9 π_T^*、S_T^*、W_T^* 随 λ 的变动曲线

4.5.4 分时段定价和统一定价模型实施效果对比

根据统一定价模型的两种方案测算表 4-1、表 4-2 和分时段定价模型

测算表 4-13，列出的绝对值实施效果对比如表 4-14 所示。对分时段定价和统一定价实施效果进行相对值的计算比较如表 4-15 和表 4-16 所示。

表 4-14　分时段定价和统一定价效果对比（绝对值）

单位：亿元

定价方案 ＼ 参数增长	企业利润 π	消费者剩余 S	社会总福利 W
统一定价方案一（全年日开行 15 对，λ_{T1} ≥4.068，λ_{T2}<7.962）	(−6.58, −6.51]	(6.58, 7.65]	(0.00, 1.14]
统一定价方案二（全年日开行 15 对，λ_{T2}< 4.068，λ_{T2}<7.962）	(−6.57, −6.51]	(6.57, 7.43]	(0.00, 0.92]
分时段定价（非高峰 15 对，高峰 18 对）	(−5.97, −5.89]	(5.97, 6.62]	(0.00, 0.73]
分时段定价（非高峰 15 对，高峰 19 对）	(−5.95, −5.84]	(5.95, 6.68]	(0.00, 0.84]
分时段定价（非高峰 15 对，高峰 20 对）	(−5.93, −5.78]	(5.93, 6.74]	(0.00, 0.96]
分时段定价（非高峰 15 对，高峰 22 对）	(−5.91, −5.68]	(5.91, 6.85]	(0.00, 1.17]
分时段定价（非高峰 15 对，高峰 25 对）	(−5.79, −5.32]	(5.79, 7.00]	(0.00, 1.68]

表 4-15　分时段定价和统一定价方案一效果对比（相对值）

定价方案 ＼ 参数增长	企业利润 π 变动率	消费者剩余 S 变动率	社会总福利 W 变动率
统一定价方案一（全年日开行 15 对）	(1, 1]	(1, 1]	(1, 1]
分时段定价（非高峰 15 对，高峰 18 对）	(+9.27%, +9.53%]	(−9.27%, −13.46%]	(0.00, −35.96%]
分时段定价（非高峰 15 对，高峰 19 对）	(+9.57%, +10.32%]	(−9.57%, −12.68%]	(0.00, −26.32%]
分时段定价（非高峰 15 对，高峰 20 对）	(+9.88%, +11.21%]	(−9.88%, −11.90%]	(0.00, −15.79%]

定价方案 ＼ 参数增长	企业利润 π 变动率	消费者剩余 S 变动率	社会总福利 W 变动率
分时段定价（非高峰 15 对，高峰 22 对）	(+10.18%, +12.75%]	(−10.18%, −10.46%]	(0.00, +2.63%]
分时段定价（非高峰 15 对，高峰 25 对）	(+12.01%, +18.28%]	(−12.01%, −8.50%]	(0.00, +47.37%]

注：统一定价作为分时段定价对比基期，取值为 1，"+"表示增长，"−"表示下降。

表 4-16　分时段定价和统一定价方案二效果对比（相对值）

定价方案 ＼ 参数增长	企业利润 π 变动率	消费者剩余 S 变动率	社会总福利 W 变动率
统一定价方案二（全年日开行 15 对）	(1, 1]	(1, 1]	(1, 1]
分时段定价（非高峰 15 对，高峰 18 对）	(+9.19%, +9.53%]	(−9.19%, −10.94%]	(0.00, −20.91%]
分时段定价（非高峰 15 对，高峰 19 对）	(+9.41%, +10.32%]	(−9.41%, −10.16%]	(0.00, −9.02%]
分时段定价（非高峰 15 对，高峰 20 对）	(+9.69%, +11.23%]	(−9.69%, −9.40%]	(0.00, +3.52%]
分时段定价（非高峰 15 对，高峰 22 对）	(+10.07%, +12.82%]	(−10.07%, −7.81%]	(0.00, +26.60%]
分时段定价（非高峰 15 对，高峰 25 对）	(+11.93%, +18.33%]	(−11.93%, −5.79%]	(0.00, +82.31%]

注：统一定价作为分时段定价对比基期，取值为 1，"+"表示增长，"−"表示下降。

　　根据表 4-14 和表 4-15，分时段定价与统一定价方案一相比，随着开行对数增加，企业利润越来越高，企业效益呈递增趋势。以非高峰期日开行 15 对、高峰期日开行 18 对为例，企业利润最大取值增长 9.53%，而非高峰期日开行 15 对、高峰期日开行 25 对时，企业利润最大取值增长 18.28%；消费者剩余逐渐降低。以非高峰期日开行 15 对、高峰期日开行 18 对为例，消费者剩余最大取值减少 13.46%，而非高峰期日开行 15 对、高峰期日开行 25 对时，消费者剩余最大取值减少 8.50%；社会总福利在高峰期日开行 18 对、19 对和 20 对时呈下降趋势，但降幅逐渐缩小。从高峰期日开行 22 对开始，呈现增长趋势，并且随着高峰期开行对数的增加而增加，社会效益呈递增趋势。例如在高峰期日开行 18 对、19 对和 20 对时，社会总福利最大取值下降 35.96%、26.32% 和 15.79%，高峰期日开行 22 对和 25 对最大取值增长 2.63%、47.37%。

根据表 4-14 和表 4-16，分时段定价与统一定价方案二相比，随着开行对数增加，企业利润越来越高，企业效益呈递增趋势。以非高峰期日开行 15 对、高峰期日开行 18 对为例，与统一定价模式相比，企业利润最大取值增长 9.53%，而非高峰期日开行 15 对、高峰期日开行 25 对时，企业利润最大取值增长 18.33%；社会总福利在高峰期日开行 18 对和 19 对时呈下降趋势，降幅逐渐缩小。从高峰期日开行 20 对开始，呈现增长趋势，并且随着高峰期开行对数的增加而增加，社会效益呈递增趋势。例如在高峰期日开行 18 对和 19 对时，社会总福利最大取值下降 20.91% 和 9.02%，高峰期日开行 20 对、22 对、25 对的社会总福利最大取值分别增长 3.52%、26.60%、82.31%。

从对比分析的结果可以看出，分时段定价与两种统一定价方案的对比结果是一致的。在分时段差别定价下，生产者剩余即企业利润比统一定价得到改善，消费者剩余即社会福利的无谓损失逐渐下降。并且在票价一致的情况下，随着开行对数的增加，企业利润的增幅逐渐增加，消费者剩余的降幅逐渐减少，表明企业效益和社会福利的无谓损失不断得到改善。在企业效益和社会效益的累计影响下，分时段差别定价的社会总福利一开始低于统一定价，并随着开行对数的增加，差距不断减小，当开行对数增加到一定程度数，社会总福利开始高于统一定价。表明随着开行对数的增加，在规模经济效应和需求弹性的共同作用下，社会总体资源的配置效果不断改善。

根据统一定价第二种方案表 4-2 和分时段定价方案表 4-8~表 4-12 绘

制的统一定价和分时段定价实施效果对比（见图4-10~图4-12），图中λ
为λ$_{F1}$、λ$_{F2}$、λ$_{G1}$、λ$_{G2}$平均值，非连续部分为λ的非取值区间。统一定价第
一种方案与分时段定价方案实施效果对比图略。

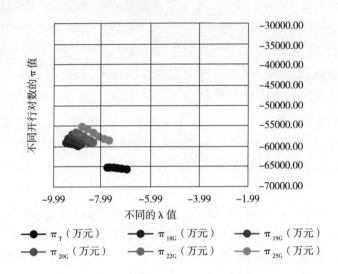

图4-10　不同开行对数 π 随 λ 变动曲线

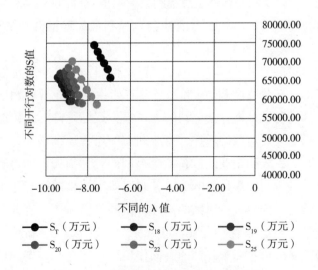

图4-11　不同开行对数 S 随 λ 变动曲线

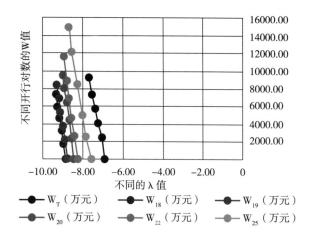

图 4-12　不同开行对数 W 随 λ 变动曲线

4.6　本章小结

本章在考虑高峰期和非高峰期设计运能及时长占总周期权重的基础上，建立了各类席别独立实现盈亏平衡的社会福利最大化拉姆齐分时段次优定价模型，并进行了实例分析。研究分析的主要结果表述如下。

（1）将不同时段各类席别的收入和支出配比，建立了不同时段各类席别独立实现盈亏平衡的社会福利最大化拉姆齐定价模型。不同时段各类席别独立实现盈亏平衡时的 Lagrange 乘子不同，形成了不同的拉姆齐指数，产生了差别拉姆齐指数下的分时段次优定价模型。

（2）分时段定价模型推导中采用了利润 λ 和客运量 β 两种乘子，分别表示统一定价下利润每单位变动对社会总福利的影响和客运量每单位变动对社会总福利的影响。首次引入非贸易品产出物影子价格，采用可变分解成本，即单位作业成本作为乘子 β 的取值。

（3）模型中边际成本采用广义的变动成本概念，包括了高速铁路与运营相关的成本费用，即剔除了折旧费的单位作业成本，并考虑了营销费用，拓展了传统成本法中边际成本采用狭义变动成本的概念，实例分析了随着开行频次的增加，单位作业成本呈下降趋势，呈现规模经济。

（4）模型中以历史客流量数据为基础，将运行周期分为高峰期和非高峰期 2 个时段，分别测算高峰期时长权重 ω 和非高峰期时长权重 1−ω 作为加权系数，提供了简便可操作的时长权重系数确定方法。

（5）考虑设计运能限制条件，对差别拉姆齐次优定价模型进行了完善，建立了基于运能限制的统一定价模型，使分时段次优定价模型和统一定价模型在同口径条件下具有可比性。

本章的研究结果为高速铁路分时段定价提供了具体指导方法。在对不同开行频次作业成本测算的基础上，结合调查问卷数据的需求函数拟合结果，对不同分时段定价方法的实施效果进行了参数模拟，并与统一定价实施效果进行了对比。分析结果显示，企业利润得到有效改善，并且随着开行频次的增加呈不断增长趋势；社会总福利在开行频次增加到一定程度时，也得到了改善，并且随着开行高峰期频次的增加，社会总福利呈不断增长趋势。对高速铁路运行的不同时段进行市场细分是差别定价的一部分内容，第 5 章将通过对不同席别产品客户需求结构的进一步研究，根据不同客户群特征进行差异化营销和定价，提出次优差异化营销与定价模型，探讨相应的营销与定价方法，进一步实现社会总福利的优化。

第5章
高速铁路次优差异化营销与定价模型及实例研究

　　我国高速铁路建设和运营起步较晚，多数企业沿袭了传统铁路运营模式，营销手段单一。由于客户市场细分程度不够，定价不能满足不同客户群的需求，造成有效需求不足、相对供过于求的局面，形成社会效益和企业利益双重失衡。因此有必要研究高速铁路差异化营销优化与定价模式，发挥高铁社会资源配置作用。

　　差异化营销是差别定价的重要内容，关于次优差异化营销模型的研究是拉姆齐理论的进一步引申。差异化营销的理论研究主要集中于通过客户市场细分和客户关系管理模式实施相应的营销策略，利用需求量预测和需求弹性制定营销战略，利用成本函数为运营决策提供支持，利用收益管理模式和价格歧视理论等探索建立动态定价营销体系，通过改进硬件设施、服务水平等优化铁路运营计划和营销战略等内容。研究指出，通过市场细分的客户关系管理模式，区分关系价值，提高客户忠诚度，可以获得最大经济收益；差异化营销应进行准确的需求估计和需求弹性计算，可靠的需求估计和需求弹性可以作为一种营销工具；通过非线性回归预测模型，计算乘客需求和影响因素之间的相关性可以预测高铁客运需求量；收益管理和价格歧视理论下的动态定价营销体系有助于增加企业收益，提高社会福利；通过改进硬件设施、建立服务水平指标体系等，可以提高高铁产品适用性。上述研究提出的差异化营销模型和策略是适用和有效的，但是没有指出可量化操作的差异化营销模型，特别是关于次优差异化营销模型的研究较少，并且较少涉及关于次优差异化营销模型对定价模式影响的研究。少数文献阐述了客户关系管理系统下，基于企业收益和社会总福利均衡的营销投入区间，但没有指出取值结果和营销方案。本章研究基于社会效益和企业利益双重均衡的次优差异化营销与定价模型，提出具体的单位营销投入变动取值区间及营销与定价方法。

本章在对不同客户群进行市场细分的基础上，推导社会效益最大化和企业利益最大化的差异化营销与定价模型，然后建立基于社会效益和企业利益双重均衡的单位营销投入变动的次优取值模型与定价模型。最后分析了单位营销投入变动和需求价格弹性之间的关系，提出不同需求弹性的次优差异化营销取值和定价方法，指出不同运营目标下采取的不同营销策略。

5.1 拉姆齐模型在差异化营销与定价中的应用分析

5.1.1 拉姆齐模型在差异化营销与定价中的应用原理

从拉姆齐定价原则的分析可以看出，拉姆齐理论是关于多个市场（或多种产品）的定价原则，同时是在边际成本基础上考虑细分市场需求价格弹性系数加价的一种定价方法，适合应用于高速铁路差异化营销和定价分析。

本书第 3 章在结合高速铁路作业成本特征分析的基础上，提出由于单位作业成本符合变动成本特性，因此可以作为变动成本，边际成本采用剔除了折旧费的单位作业成本 $MC_i = \gamma_i$，推导得出 i 个不同市场（或多种产品）盈亏平衡条件下实现社会福利最大化目标的定价模型为：

$$P_i = \gamma_i \cdot \frac{\varepsilon_{Pi}}{\varepsilon_{Pi} + \alpha_i} \tag{5-1}$$

式（5-1）中，单位作业成本 γ_i 是高速铁路与运营相关的成本费用，包括高铁运营发生的基本支出，即人工费、材料费、电力费、维修费、营销费及其他费用等，是广义变动成本概念。由此可以看出，营销投入是拉姆齐次优定价模型的重要组成，营销投入变动不仅影响营销策略，而且影响定价方法。研究差异化营销模型和营销策略，必然要研究相应的定价模型和定价方法。

拉姆齐理论在差异化营销与定价中的应用，表现为次优差异化营销与定价模式。"最优"差异化营销为追求企业利益最大化或社会福利最大化目标的营销方案，而"次优"差异化营销为企业利益最大化和社会福利最大化双重均衡的营销方案，是在非完全竞争的现实市场经济中，考虑外部性、信息不对称等客观因素影响，寻求一种适合的营销模式。本章次优差异化营销模型的研究未采用拉姆齐模型的推导过程，而是基于拉姆齐原则，结合高速铁路的非盈利性特征，在分别探讨了两种"最优"差异化营销模型的基础上，推导建立"次优"差异化营销模型，继而研究相应的定价模型，探讨适用的营销和定价方法。

5.1.2　影响次优差异化营销与定价模型的因素

5.1.2.1　高速铁路差异化营销策略

高速铁路市场营销是高铁企业通过市场交易满足消费者现在和潜在需求，以实现其目标的系统经营活动过程，包括旅客运输前、运输中和运输结束后的一系列具体活动。市场营销策略具体由产品策略、价格策略、营销渠道策略、促销策略、路网建设策略等构成。产品策略是围绕提高运输服务水平、不断开发新产品、树立品牌形象的策略；价格策略是通过浮动定价、差别定价、折扣定价等多种定价方法，努力提高企业收益水平的策略；营销渠道策略是企业通过完善售票方式、售票手段和客票品种多样化等促进客票销售的策略；促销策略是通过人员促销、广告促销、营业推广、公共关系和促销组合等，激发顾客购买欲望和购买行为，从而扩大销售的策略；路网建设策略是企业挖掘运输潜力，提高运输能力的策略。

现代营销的核心是 STP 理论，主导思想是根据不同消费者行为，区分不同的顾客市场，确定不同的产品定位，从而实施不同的营销策略，提高企业的收益和核心竞争力。STP 理论的实质是实施差异化营销战略。所谓差异化营销，是指企业在客户调研和市场细分基础上，选择两个或者两个以上的子市场作为市场目标，根据子市场的特点，分别制定产品策略、价格策略、渠道策略以及促销策略并予以实施的过程。差异化营销适用于高铁运营进入生命周期的成长阶段后，适应市场扩张需要采取的一种策略。企业采用差异化营销策略，可以使顾客的不同需求得到更好的满足，也使每个子市场的销售潜力得到最大限度的挖掘，从而有利于扩大企业的市场占有率，降低经营风险。

差异化营销歧视策略有三种：一是根据每一位客户的消费意愿投入不同的营销费用，是一种理想化的完全歧视；二是根据客户的消费数量投入不同的营销费用，是二级营销歧视；三是根据客户不同特点和消费时间进行市场细分，针对不同市场投入不同的营销费用，是三级营销歧视。完全歧视的营销模式由于成本高和信息难以获得而不具有可操作性，二级营销歧视可以通过基准票价折扣等方式解决，而三级营销歧视是基于不同类别消费需求的一种模式，本质是通过研究不同客户人群和消费时段需求弹性，根据需求弹性系数调整营销投入，适用于采用成本加成弹性系数定价。本章研究的差异化营销是根据客户不同特点进行市场细分，不同市场投入不同的营销费用，属于三级营销歧视。

5.1.2.2 高速铁路的市场细分和营销弹性

差异化营销建立在市场细分理论基础上，对客户资料的科学性、准确性有极高要求。市场细分是在市场调研基础上了解买方需求差异，把产品市场划分为若干采购市场群的过程。企业通过市场细分找到开发市场的机会并制定相应营销策略，提高经营效益。客户市场细分的方法一般有以下四种：①结合客户关系管理（CRM）思想及"二八定律"，以 Web-GIS 和数据库技术为支撑，按行业、收入、出行频次和忠诚度等不同指标进行客运市场细分。②应用模糊聚类方法细分市场以进一步确定目标市场的方法。企业根据自己的资源状况、技术水平、竞争状况和市场容量等因素，动态调整各细分市场，准确定位目标市场。③利用细分变量选择应用模型，引入客户寻求利益、客户之间相互影响力、选择障碍、议价能力和收益率这五个具有动态性、全局性的变量指标，通过对各细分变量的分析，明确客户之间的基本差异性。④采用市场调研方法，收集样本群的特征值，按照不同目的进行数据归类，或线性回归分析细分客运市场。

差异化营销同时建立在弹性理论基础上。从市场来看，营销行为的变化最终导致的结果是消费者购买行为的变化，即产品销售数量的变化。这些营销行为即弹性营销要素，引起销售变化的整个过程被称为弹性营销。合理的差异化营销方法将使营销弹性系数增大，为企业带来的收益也就会增加。弹性营销的方法有三种：价格弹性营销、促销弹性营销和服务弹性营销。弹性营销是综合存在的，每个企业都会涉及三种不同类型的营销弹性。价格弹性较高的行业有两大类：一类属于日常消费较多的产品，另一类属于价格非常高的产品，如奢侈品。价格弹性比较低的通常是消费必需品，例如药品。其他行业基本介于两者之间，属于价格弹性中等行业。促销弹性主要利用了消费者对价格的敏感性，与价格弹性有很多相似的地方，由于价格弹性高的消费者对促销更为敏感，因此促销弹性也比较高，促销弹性比较高的消费群与价格弹性比较高的消费群基本一致。促销弹性高的行业属于消费者选择较多的行业如快速消费品和耐用消费品，促销弹性较低的同样是医药产品等，其他行业促销弹性中等。就服务弹性而言，通常来说，服务型企业的服务弹性较高，产品型企业服务弹性较低。而且产品价值越高，服务弹性越高。从产品特征来看，高铁运输属于日常消费较多的快速消费品，价格弹性高，相应促销弹性高。此外，属于价值相对较高的服务产品，服务弹性也较高。因此，适合采用差异化营销策略。

本章模型构建中，涉及了价格弹性、促销弹性和服务弹性三种营销弹性。其中，价格弹性为模型中的需求价格弹性，促销弹性和服务弹性合并为模型中的需求营销投入弹性。需求价格弹性的确定采用函数拟合方法。在对日常客流进行抽样问卷调查后，经过数据统计分析，将高铁旅客按出行目的划分为公务、通勤和休闲三类。公务类客户的出行目的为单位出差；通勤类客户的出行目的为学校往返、上下班；休闲类客户的出行目的为旅游、探亲访友和其他事务。考虑实际工作的可操作性和适用性，没有进行更细致的人群划分。进一步对调研数据进行线性回归分析，分别拟合不同客户群的需求函数，求出相应的需求价格弹性系数。需求营销投入弹性的确定依据相关文献，根据高铁具有较高促销弹性及服务弹性，以及促销弹性、服务弹性和价格弹性的一致性等特征，对不同客户群的需求营销投入弹性进行了合理假设。

5.2　高速铁路次优差异化营销与定价模型的构建

假定高铁企业开始实施差异化营销，分 j 类客户进行差别营销投入，j=1，2，…，m。设 ε_{mj} 和 ε_{pj} 分别为 j 类客户客运量受单位营销投入和票价影响的弹性系数，e_{sj} 代表社会福利最大化下 j 类客户单位营销投入相对于差异化营销前的改变量，e_{bj} 代表企业利益最大化下 j 类单位客户相对于差异化前的营销投入改变量（简称为单位营销投入变动），e_j 为企业优化取值时 j 类客户相对于差异化营销前的单位营销投入变动，P_{ij}、q_{ij}、γ_{ij} 分别为实行差异化营销后 i 类席别 j 类客户票价、客运量和单位作业成本，社会总福利 W 为企业利润与消费者剩余之和。为简化计算，模型建立只考虑主要因素影响，未考虑次要及复杂因素影响。模型条件有：①营销方式采用差异化营销策略。②客运量 q_i 受票价 P_i 和差异化营销投入的影响，不考虑其他因素影响。③成本计算采用作业成本法，总成本分为作业成本和固定成本。与作业相关的营销费用为作业成本的组成，营销机构支出计入期间费用。④成本计算不考虑机会成本的影响。⑤不同类别客户票价、单位作业成本和营销投入可以配比。

在社会效益最大化营销模型和企业利益最大化营销模型论述的基础上，提出基于社会效益和企业利益双重均衡的次优差异化营销与定价模型。

5.2.1　社会福利最大化营销与定价模型

从社会福利角度看，高铁企业运营目标是实现产出效率最大化，满足社会效益，如式（5-2）所示。

$$W = \sum_{i=1}^{n} \sum_{j=1}^{m} (P_{ij} - \gamma_{ij} - e_{sj}) q_{ij} - f - U - V + \sum_{i=1}^{n} \sum_{j=1}^{m} (\int_{0}^{x_i} P(q_{ij}) dq_{ij} - P_{ij} q_{ij})$$

$$(5-2)$$

对 e_{sj} 求偏导数，令 $\dfrac{\partial W}{\partial e_{sj}} = 0$，得到单位营销投入变动，如式（5-3）、式（5-4）所示。

$$\frac{\partial W}{\partial e_{sj}} = P_{ij} - \gamma_{ij} - e_{sj} - q_{ij} \cdot \frac{\partial e_{sj}}{\partial q_{ij}} = 0 \qquad (5-3)$$

$$P_{ij} - \gamma_{ij} - e_{sj} - e_{sj} \cdot \frac{1}{\varepsilon_{mj}} = 0 \qquad (5-4)$$

解得社会福利最大化 j 类客户单位营销投入变动 e_{sj}，如式（5-5）所示。

$$e_{sj} = (P_{ij} - \gamma_{ij}) \cdot \frac{\varepsilon_{mj}}{\varepsilon_{mj} + 1} \qquad (5-5)$$

根据微观经济学理论，社会福利最大化时 $P_{ij} = MC_{ij}$，即 $P_{ij} - \gamma_{ij} = 0$，式（5-5）计算结果为 $e_{sj} = 0$，故维持原营销投入，无须调整营销费用。此时实施无差异营销策略，单位营销投入变动不受任何弹性系数影响。因照顾社会利益，票价只能为单位作业成本，即 $P_{ij} = \gamma_{ij}$。

5.2.2　企业利益最大化营销与定价模型

从企业利益角度看，高铁运营目标是实现利润最大化，满足企业发展需要，则年利润如式（5-6）所示。

$$\pi = \sum_{i=1}^{n} \sum_{j=1}^{m} (P_{ij} - \gamma_{ij} - e_{bj}) q_{ij} - f - U - V \qquad (5-6)$$

对 e_{bj} 求偏导数，如式（5-7）所示。

$$\frac{\partial \pi}{\partial e_{bj}} = (P_{ij} - \gamma_{ij} - e_{bj}) \frac{\partial q_{ij}}{\partial e_{bj}} + q_{ij} \cdot \frac{\partial P_{ij}}{\partial e_{bj}} - q_{ij} \qquad (5-7)$$

令 $\dfrac{\partial \pi}{\partial e_{bj}} = 0$，如式（5-8）所示。

$$e_{bj} = P_{ij} - \gamma_{ij} + q_{ij} \cdot \frac{\partial P_{ij}}{\partial q_{ij}} - q_{ij} \cdot \frac{\partial e_{bj}}{\partial q_{ij}} \tag{5-8}$$

进一步计算，由于 $q_{ij} \cdot \dfrac{\partial P_{ij}}{\partial q_{ij}} = P_{ij} \cdot \dfrac{1}{\varepsilon_{pj}}$；$q_{ij} \cdot \dfrac{\partial e_{bj}}{\partial q_{ij}} = e_{bj} \cdot \dfrac{1}{\varepsilon_{mj}}$，得到式 (5-9)。

$$e_{bj} = P_{ij} - \gamma_{ij} + P_{ij} \cdot \frac{1}{\varepsilon_{pj}} - e_{bj} \cdot \frac{1}{\varepsilon_{mj}} \tag{5-9}$$

解得企业利益最大化 j 类客户单位营销投入变动 e_{bj}，如式 (5-10) 所示。

$$e_{bj} = \left[P_{ij} \left(1 + \frac{1}{\varepsilon_{pj}} \right) - \gamma_{ij} \right] \cdot \frac{\varepsilon_{mj}}{1 + \varepsilon_{mj}} \tag{5-10}$$

从式 (5-10) 分析，企业利益最大化单位营销投入变动 e_{bj} 大小与弹性系数 ε_{mj} 和 ε_{pj} 大小密切相关。一般来说，合理的差异化营销方法将导致需求营销弹性系数增大，使消费数量增加，因此客运量与单位营销投入变动为正向关系，则 $\varepsilon_{mj} > 0$，$\dfrac{\varepsilon_{mj}}{1 + \varepsilon_{mj}} > 0$，故 e_{bj} 符号方向受 $P_{ij} \left(1 + \dfrac{1}{\varepsilon_{Pj}} \right) - \gamma_{ij}$ 取值影响。在 γ_i 值相对固定的情况下，$P_{ij} \left(1 + \dfrac{1}{\varepsilon_{Pj}} \right) - \gamma_{ij}$ 取值受 ε_{Pj} 影响。

下面对 $P_{ij} \left(1 + \dfrac{1}{\varepsilon_{Pi}} \right) - \gamma_{ij}$ 不同取值下的单位营销投入变动和定价模型进行分析：①令 $P_{ij} \left(1 + \dfrac{1}{\varepsilon_{pj}} \right) - \gamma_{ij} > 0$，得 $e_{bj} > 0$。解得：$\varepsilon_{Pj} < -\dfrac{P_{ij}}{P_{ij} - \gamma_{ij}}$，即 $|\varepsilon_{Pj}| > \dfrac{P_{ij}}{P_{ij} - \gamma_{ij}}$。此时：$|\varepsilon_{Pj}| > 1$，$P_{ij} > \gamma_{ij} \cdot \dfrac{\varepsilon_{Pj}}{\varepsilon_{Pj} + 1}$；②令 $P_{ij} \left(1 + \dfrac{1}{\varepsilon_{Pj}} \right) - \gamma_{ij} = 0$，得 $e_{bj} = 0$。解得：$\varepsilon_{Pj} = -\dfrac{P_{ij}}{P_{ij} - \gamma_{ij}}$，即 $|\varepsilon_{Pj}| = \dfrac{P_{ij}}{P_{ij} - \gamma_{ij}}$。此时：$|\varepsilon_{Pj}| \geqslant 1$，$P_{ij} = \gamma_{ij} \cdot \dfrac{\varepsilon_{Pj}}{\varepsilon_{Pj} + 1}$；③令 $P_{ij} \left(1 + \dfrac{1}{\varepsilon_{Pj}} \right) - \gamma_{ij} < 0$，得 $e_{bj} < 0$。解得：$\varepsilon_{Pj} > -\dfrac{P_{ij}}{P_{ij} - \gamma_{ij}}$，即 $|\varepsilon_{Pj}| < \dfrac{P_{ij}}{P_{ij} - \gamma_{ij}}$。此时：$|\varepsilon_{Pj}| \geqslant 1$ 或 $|\varepsilon_{Pj}| < 1$，$P_{ij} \leqslant \gamma_{ij} \cdot \dfrac{\varepsilon_{Pj}}{\varepsilon_{Pj} + 1}$ 或 $P_{ij} >$

$\gamma_{ij} \cdot \dfrac{\varepsilon_{Pj}}{\varepsilon_{Pj}+1}$。

可见，不同的需求弹性下，单位营销投入变动不同，营销策略不同，定价模型和定价方法也不同，具体 $|\varepsilon_{Pj}|$ 值由不同需求函数确定。针对不同需求价格弹性实施不同营销策略，相应采取不同定价方法，将实现企业利润最大化。具体如下：①不同需求价格弹性值下的单位营销投入变动取值和营销方法。当 $|\varepsilon_{Pj}|<1$ 时，客运缺乏需求弹性，$e_{bj}<0$，应减少营销投入；当 $|\varepsilon_{Pj}|=1$ 时，客运具有单位弹性，应具体分析：当 $e_{bj}<0$，应减少营销投入；当 $e_{bj}=0$，应维持原营销投入；当 $|\varepsilon_{Pj}|>1$ 时，客户富有需求弹性，应具体分析：当 $e_{bj}>0$ 时，应增加营销投入；当 $e_{bj}<0$ 时，应减少营销投入；当 $e_{bj}=0$ 时，应维持原营销投入。②不同需求价格弹性值下的定价模型和定价方法。当 $|\varepsilon_{Pj}|<1$，客运缺乏需求弹性时，应减少营销投入，定价模型为：$P_{ij}>\gamma_{ij} \cdot \dfrac{\varepsilon_{Pj}}{\varepsilon_{Pj}+1}$，表明应在高于利润最大化的均衡点定价，采取较高票价。当 $|\varepsilon_{Pj}|=1$，客运具有单位需求弹性时，分两种情况：当减少营销投入时，定价为非负的任意值；当维持原营销投入时，定价模型为：$P_{ij}=\gamma_{ij} \cdot \dfrac{\varepsilon_{Pj}}{\varepsilon_{Pj}+1}$，表明应在利润最大化均衡点定价。当 $|\varepsilon_{Pj}|>1$，客运富有需求弹性时，分为三种情况：当减少营销投入时，定价模型为：$P_{ij}<\gamma_{ij} \cdot \dfrac{\varepsilon_{Pj}}{\varepsilon_{Pj}+1}$，表明应在小于利润最大化的均衡点定价，采取较低票价；当维持原营销投入时，定价模型为：$P_{ij}=\gamma_{ij} \cdot \dfrac{\varepsilon_{Pj}}{\varepsilon_{Pj}+1}$，表明应在利润最大化的均衡点定价；当增加营销投入时，定价模型为：$P_{ij}>\gamma_{ij} \cdot \dfrac{\varepsilon_{Pj}}{\varepsilon_{Pj}+1}$，表明应在高于利润最大化的均衡点定价，采取较高票价。

归纳不同需求价格弹性下的营销模型与营销方法，定价模型与定价方法如表 5-1 所示。

表 5-1 弹性系数 $|\varepsilon_{Pj}|$ 对营销及定价方法的影响分析

弹性分类	$\|\varepsilon_{Pj}\|$ 取值	$P_{ij}(1+\dfrac{1}{\varepsilon_{Pj}})-\gamma_{ij}$ 取值	e_{bj} 取值及营销方法	P_{ij} 取值范围
需求缺乏弹性	<1	<0	<0，减少投入	$P_{ij}>\gamma_{ij}\cdot\dfrac{\varepsilon_{Pj}}{\varepsilon_{Pj}+1}$
单位弹性	=1	<0	<0，减少投入	P_{ij} 为非负的任意值
		=0	=0，维持投入	$P_{ij}=\gamma_{ij}\cdot\dfrac{\varepsilon_{Pj}}{\varepsilon_{Pj}+1}$
需求富有弹性	>1	<0	<0，减少投入	$P_{ij}<\gamma_{ij}\cdot\dfrac{\varepsilon_{Pj}}{\varepsilon_{Pj}+1}$
		=0	=0，维持投入	$P_{ij}=\gamma_{ij}\cdot\dfrac{\varepsilon_{Pj}}{\varepsilon_{Pj}+1}$
		>0	>0，增加投入	$P_{ij}>\gamma_{ij}\cdot\dfrac{\varepsilon_{Pj}}{\varepsilon_{Pj}+1}$

由式（5-5）和式（5-10）对比，企业利益最大化考虑了票价加成 $1/\varepsilon_{Pj}$，而社会福利最大化下并不考虑票价加成。这也看出三级营销歧视是基于消费者需求的营销模式，本质是通过对票价弹性系数加成的调整来实现的。由此可进一步推导社会效益与企业利益双重均衡的营销与定价模型。

5.2.3 社会效益与企业利益均衡的 e_j 优化取值与定价模型

按照微观经济学理论，高铁利润合理范围在社会福利最大化和企业利益最大化之间，因此应优化营销方案。因社会福利最大化 $e_{sj}=0$，则 e_j 在式（5-5）和式（5-10）之间的取值分为两种情况：

（1）当 $e_{bj}>0$ 时，e_j 取值：$e_{sj}<e_j\leqslant e_{bj}$，即：

$$(P_{ij}-\gamma_{ij})\cdot\frac{\varepsilon_{mj}}{1+\varepsilon_{mj}}<e_j\leqslant\left[P_{ij}(1+\frac{1}{\varepsilon_{Pj}})-\gamma_{ij}\right]\cdot\frac{\varepsilon_{mj}}{1+\varepsilon_{mj}} \tag{5-11}$$

（2）当 $e_{bj}<0$ 时，e_j 取值：$e_{bj}\leqslant e_j<e_{sj}$，即：

$$\left[P_{ij}(1+\frac{1}{\varepsilon_{Pj}})-\gamma_{ij}\right]\cdot\frac{\varepsilon_{mj}}{1+\varepsilon_{mj}}\leqslant e_j<(P_{ij}-\gamma_{ij})\cdot\frac{\varepsilon_{mj}}{1+\varepsilon_{mj}} \tag{5-12}$$

可见，双重均衡的 e_j 取值大小取决于需求营销弹性和需求价格弹性，因不同弹性值而异。在单位作业成本 γ_i 相对固定的情况下，e_j 取值方向取决于需求价格弹性 ε_{Pj}。由于社会效益与企业利益均衡的 e_j 取值是社会福利向企业利润让渡的营销方法，与企业利润最大化的营销模式相比，区别在于营销投入的多少不同，但单位营销投入的方向一致，即营销取向和策略是一致的。相应的定价模型和定价方法也是一致的。因此，社会效益与企业利益均衡的营销模型与方案，定价模型与方案可参照企业利益最大化方案（含利润最大化均衡点），如表 5-1 所示。

从上述分析也可以看出，单位营销投入变动取值模型和定价模型，其基本组成是单位作业成本和需求弹性，是拉姆齐定价模型的引申，也表明了定价方法是在边际成本基础上的加价，是企业社会福利最大化和盈亏平衡的一种均衡，体现了拉姆齐次优定价理论的精神实质。

假设不同客户市场需求函数一致，不考虑固定成本影响，均衡模式下差异化营销投入优化效果如图 5-1 所示。

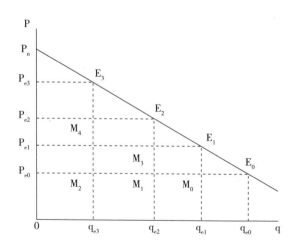

图 5-1　均衡模式下的差异化营销投入优化

图 5-1 中，E_0 为社会福利最大化均衡点，此时采用无差异营销策略，票价等于单位作业成本，即 $P_i = \gamma_i$，社会总福利为 $P_n E_0 P_{e0}$，面积最大，不存在无谓损失。E_1、E_2、E_3 为采用差异化营销策略的均衡点。其中为 E_2

企业利润最大化均衡点，此时票价为 $P_i = \gamma_i \cdot \dfrac{\varepsilon_{Pj}}{\varepsilon_{Pj}+1}$，$E_1$ 和 E_3 为社会福利和

企业效益的双重均衡点，此时票价分别为 $P_i < \gamma_i \cdot \dfrac{\varepsilon_{Pj}}{\varepsilon_{Pj}+1}$ 和 $P_i > \gamma_i \cdot \dfrac{\varepsilon_{Pj}}{\varepsilon_{Pj}+1}$。

$P_n E_1 M_0 P_{e0}$、$P_n E_2 M_1 P_{e0}$、$P_n E_3 M_2 P_{e0}$ 之和为差异化营销模式下的社会总福利，明显高于无差异营销模式的社会总福利 $P_n E_0 P_{e0}$。其中，$E_2 E_1 M_3$、$E_3 E_2 M_4$、$P_n E_3 P_{e3}$ 之和为差异化营销模式下的社会消费者剩余，明显小于无差异模式的 $P_n E_0 P_{e0}$，表明差异化营销具有改善企业利益的积极作用。$E_1 E_0 M_0$ 为差异化营销模式下的社会福利损失，也是差异化营销投入的可优化区间，是在社会福利与企业利益之间的价值让渡空间。分析可见，差异化营销提高了企业效益，同时增加了社会总福利，优化了社会总体资源配置。

5.3 差异化营销与定价模型实例分析

实例分不同类别客户需求弹性分析、不同类别客户营销优化及定价取值分析、营销优化取值敏感性分析和差异化营销优化策略分析四部分。

5.3.1 不同类别客户需求弹性分析

5.3.1.1 需求价格弹性分析

本算例采用 2015 年 5 月的调查问卷数据，利用 SPSS20.0 对不同乘客进行回归分析，根据不同出行目的，将乘客分为公务类、通勤类和休闲类，分别对应 $j = 1$，2，3。统计结果表明，公务类出行占比为 14.04%，通勤类出行占比为 26.64%，休闲类出行占比为 59.32%。可见出行人员构成中，公务类人群最少，通勤类人群次之，休闲类人群最多，占 50% 以上。根据出行目的统计结果如图 5-2 所示。

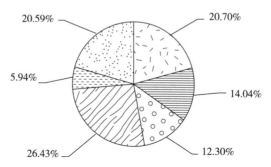

图 5-2　呼包高铁客户不同出行目的比例

假设三类乘客的需求价格弹性系数分别为 ε_{p1}、ε_{p2} 和 ε_{p3}，以 q 代表估计值，则回归方程为：$q = aP^b$，两边取对数转化为线性方程：$\ln(q) = \ln(aP^b) = \ln(a) + b\ln(P)$，设：$q' = \ln(q)$，$a' = \ln(a)$，$P' = \ln(P)$，则 $q' = a' + bP'$。根据最小二乘法原理，公务类一等座解方程组得：$a = 276034$，$b = -2.54$。一等座需求函数：$q_{11} = 276034P_{11}^{-2.54}$，需求弹性：$\varepsilon_{P1} = \dfrac{\partial q_{11}}{\partial P_{11}} \times \dfrac{P_{11}}{q_{11}} = -2.54$。判定系数 $R^2 = 0.8324$，说明回归方程对观测值的拟合程度较好。根据最小二乘法原理，公务类二等座解方程组得：$a = 6 \times 10^6$，$b = -3.412$。二等座需求函数：$q_{21} = 6 \times 10^6 P_{21}^{-3.412}$，需求弹性：$\varepsilon_{P1} = \dfrac{\partial q_{21}}{\partial P_{21}} \times \dfrac{P_{21}}{q_{21}} = -3.412$。判定系数 $R^2 = 0.9397$，说明回归方程对观测值的拟合程度较好。

根据最小二乘法原理，通勤类一等座解方程组得：$a = 5 \times 10^6$，$b = -3.208$。一等座需求函数：$q_{12} = 5 \times 10^6 P_{12}^{-3.208}$，需求弹性：$\varepsilon_{P2} = \dfrac{\partial q_{12}}{\partial P_{12}} \times \dfrac{P_{12}}{q_{12}} = -3.028$。判定系数 $R^2 = 0.8003$，说明回归方程对观测值的拟合程度较好。根据最小二乘法原理，通勤类二等座解方程组得：$a = 7 \times 10^{10}$，$b = -5.185$。二等座需求函数：$q_{22} = 7 \times 10^{10} P_{22}^{-5.185}$，需求弹性：$\varepsilon_{P2} = \dfrac{\partial q_{22}}{\partial P_{22}} \times \dfrac{P_{22}}{q_{22}} = -5.185$。判定系数 $R^2 = 0.9062$，说明回归方程对观测值的拟合程度较好。

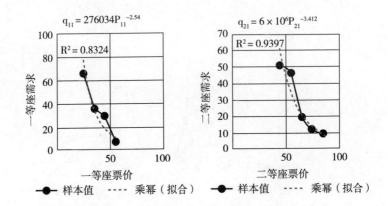

图 5-3　公务类一等座、二等座需求函数拟合

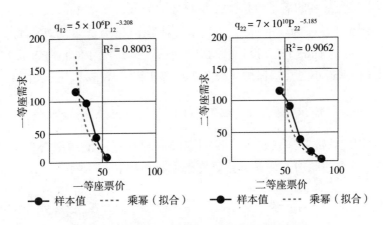

图 5-4　通勤类一等座、二等座需求函数拟合

根据最小二乘法原理，休闲类一等座解方程组得：$a = 2 \times 10^7$，$b = -3.375$。一等座需求函数：$q_{13} = 2 \times 10^7 P_{13}^{-3.375}$，需求弹性：$\varepsilon_{P3} = \frac{\partial q_{13}}{\partial P_{13}} \times \frac{P_{13}}{q_{13}} = -3.375$。判定系数 $R^2 = 0.8257$，说明回归方程对观测值的拟合程度较好。根据最小二乘法原理，休闲类二等座解方程组得：$a = 4 \times 10^{14}$，$b = -6.997$。二等座需求函数：$q_{23} = 4 \times 10^{14} P_{23}^{-6.997}$，需求弹性：$\varepsilon_{P3} = \frac{\partial q_{23}}{\partial P_{23}} \times \frac{P_{23}}{q_{23}} = -6.997$。

判定系数 $R^2 = 0.9836$，说明回归方程对观测值的拟合程度较好。

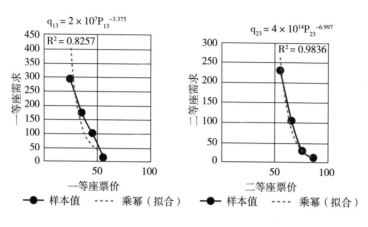

图 5-5　休闲类一等座、二等座需求函数拟合

需求函数拟合结果表明，休闲类乘客需求价格弹性最高，通勤类其次，公务类最低，即 $|\varepsilon_{P1}| < |\varepsilon_{P2}| < |\varepsilon_{P3}|$。

5.3.1.2　需求营销弹性分析

由于需求营销弹性的研究有一定难度，受研究条件和研究水平限制，本书没有对营销投入对需求量的影响展开研究，根据相关理论对营销投入弹性进行了合理假设。

营销投入弹性由促销弹性和服务弹性构成。因高速铁路具有较高的促销弹性和服务弹性，故具有较高的需求营销弹性，即营销投入富有弹性。而且一般情况下，合理的差异化营销方法将导致营销弹性系数增大，使消费数量增加，因此客运量与单位营销投入变动为正向关系，即需求营销弹性为正数。此外，根据相关文献研究，促销弹性和服务弹性与需求价格弹性趋势基本一致。本书需求价格弹性拟合结果表明，公务类、通勤类和休闲类客户需求价格弹性呈递增趋势，同样假定公务类、通勤类和休闲类客户需求营销弹性呈递增趋势。综合而言，为计算方便，本书假设需求营销弹性值分别为：$\varepsilon_{m1} = 1.2$，$\varepsilon_{m2} = 1.3$，$\varepsilon_{m3} = 1.4$。

5.3.2 不同类别客户营销优化取值与定价分析

目前呼包高铁一等座、二等座票价分别为：$P_1 = 58$ 元，$P_2 = 48.5$ 元。根据第 3 章 3.4.1 呼包高铁成本计算结果，全年单位作业成本 $\gamma_1 = 46.65$ 元，$\gamma_2 = 34.19$ 元，将需求价格弹性系数拟合值和需求营销弹性系数设定值代入公式测算不同乘客的单位营销投入变动值。

（1）由式（5-5）得社会福利最大化时 e_{sj} 取值恒为 0。社会福利最大化时公务类、通勤类、休闲类乘客单位营销投入变动取值均为 0，$e_{s1} = e_{s2} = e_{s3} = 0$，营销投入变动为 0。

（2）由式（5-10）得到企业利益最大化时 e_{bj} 取值。公务类一等座、二等座企业利益最大化 e_{b1} 取值分别为 -6.26 元、0.05 元；通勤类一等座、二等座企业利益最大化 e_{b2} 取值分别为 -3.80 元、2.80 元；休闲类一等座、二等座企业利益最大化 e_{b3} 取值分别为 -3.40 元、4.30 元。

（3）由式（5-11）、式（5-12）得，双重均衡时，e_j 值介于社会福利最大化和企业利益最大化之间。一等座营销优化取值：公务类单位客运量可减少营销投入：$[-6.26, 0)$ 元，通勤类单位客运量可减少营销投入：$[-3.80, 0)$ 元，休闲类单位客运量可减少营销投入：$[-3.40, 0)$ 元。二等座营销优化取值：公务类单位客运量可增加营销投入：$(0, 0.05]$ 元，通勤类单位客运量可增加营销投入：$(0, 2.8]$ 元，休闲类单位客运量可增加营销投入：$(0, 4.3]$ 元。

可以看出，在优化取值下，一等座测算结果为减少营销投入，且弹性值越小，可减少单位营销投入越多，即公务类客户可减少的单位营销投入最多，通勤类次之，休闲类最少；二等座测算结果为增加营销投入，且弹性值越大，可增加的单位营销投入越多，即休闲类客户可增加的单位营销投入最多，通勤类次之，公务类最少。

由于本案例高速铁路需求富有弹性，且一等座单位营销投入变动值 $e_{bj} < 0$，二等座单位营销投入变动值 $e_{bj} > 0$，因此由表 5-1 确定相应的定价方法为：一等座定价为 $P_{ij} < \gamma_{ij} \cdot \dfrac{\varepsilon_{Pj}}{\varepsilon_{Pj} + 1}$，即公务类：$P_{11} < 76.94$ 元，通

勤类：$P_{12}<69.65$ 元，休闲类：$P_{13}<66.29$ 元；二等座定价为 $P_{ij}>\gamma_{ij}$ ·

$\dfrac{\varepsilon_{Pj}}{\varepsilon_{Pj}+1}$，即公务类：$P_{21}>48.36$ 元，通勤类：$P_{22}>42.36$ 元，休闲类：$P_{23}>$

39.89 元。

5.3.3　不同类别客户营销优化取值与定价敏感性分析

5.3.3.1　不同类别客户营销优化取值敏感性分析

进一步可进行不同类别客户营销优化取值 e_j 相对于需求价格弹性 $|\varepsilon_{pj}|$ 的敏感性分析。假设企业对 e_j 取企业利益最大化和社会福利最大化中值，此时 $e_j=(e_{bj}+e_{sj})/2$，因 $e_{sj}=0$，故 $e_j=e_{bj}/2$。本算例对休闲类客户营销优化取值敏感性测算如表 5-2、表 5-3 所示。

表 5-2　休闲类客户一等座营销优化取值敏感性分析

$\vert\varepsilon_{P3}\vert$取值	2	3	4	5.11	6	7	8
$P_{13}(1+\dfrac{1}{\varepsilon_{P3}})-\gamma_{13}$值（元）	-17.65	-7.98	-3.15	0.00	1.68	3.06	4.10
e_{b3}取值（元）	-10.30	-4.66	-1.84	0.00	0.98	1.79	2.39
e_3 取值（元）	-5.15	-2.33	-0.92	0.00	0.49	0.89	1.20
单位营销投入变动	减少	减少	减少	维持	增加	增加	增加

表 5-3　休闲类客户二等座营销优化取值敏感性分析

$\vert\varepsilon_{P3}\vert$值	1	2	3	3.39	4	5	6
$P_{23}(1+\dfrac{1}{\varepsilon_{P3}})-\gamma_{23}$值（元）	-34.19	-9.94	-1.86	0.00	2.19	4.61	6.23
e_{b3}取值（元）	-19.94	-5.80	-1.08	0.00	1.27	2.69	3.63
e_3 取值（元）	-9.97	-2.90	-0.54	0.00	0.64	1.34	1.82
单位营销投入变动	减少	减少	减少	维持	增加	增加	增加

根据表 5-2、表 5-3 绘制的 e_3 随 $|\varepsilon_{P3}|$ 变动趋势如图 5-6 和图 5-7 所示。

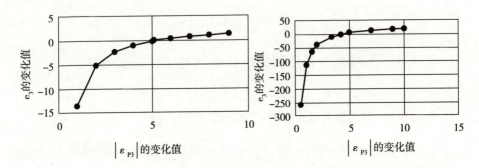

图 5-6 休闲类客户一等座 e_3 与 $|\varepsilon_{P3}|$ 关系 图 5-7 休闲类客户二等座 e_3 与 $|\varepsilon_{P3}|$ 关系

从测算结果分析，休闲类客户一等座当 $|\varepsilon_{P3}|$ = 5.11 时，e_3 = 0，应维持营销投入；$|\varepsilon_{P3}|$ < 5.11 时，e_3 < 0，应减少营销投入。$|\varepsilon_{P3}|$ 越小，减少营销投入越多；$|\varepsilon_{P3}|$ > 5.11 时，e_3 > 0，应增加营销投入，$|\varepsilon_{P3}|$ 值越大，增加营销投入越多。休闲类客户二等座当 $|\varepsilon_{P3}|$ = 3.39 时，e_3 = 0，应维持营销投入；$|\varepsilon_{P3}|$ < 3.39 时，e_3 < 0，应减少营销投入。$|\varepsilon_{P3}|$ 越小，减少营销投入越多；$|\varepsilon_{P3}|$ > 3.39 时，e_3 > 0，应增加营销投入，$|\varepsilon_{P3}|$ 值越大，增加营销投入越多。

由于休闲类客户需求弹性系数拟合结果为：一等座 $|\varepsilon_{P3}|$ = 3.375 < 5.11，二等座 $|\varepsilon_{P3}|$ = 6.997 > 3.39，因此，一等座营销方法为：减少营销投入；二等座营销方案为：增加营销投入。

5.3.3.2 不同类别客户定价敏感性分析

由表 5-1 还可以进行定价相对于需求价格弹性 $|\varepsilon_{Pj}|$ 敏感性分析。由于本案例高速铁路需求富有弹性，故存在三种定价方法：当单位营销投入变动值 e_{b3} < 0 时，$P_{13} < \gamma_{13} \cdot \dfrac{\varepsilon_{Pj}}{\varepsilon_{Pj}+1}$；当单位营销投入变动值 e_{b3} = 0 时，$P_{13} = \gamma_{13} \cdot \dfrac{\varepsilon_{Pj}}{\varepsilon_{Pj}+1}$；当单位营销投入变动值 e_{b3} > 0 时，$P_{13} > \gamma_{13} \cdot \dfrac{\varepsilon_{Pj}}{\varepsilon_{Pj}+1}$。对休闲类

客户定价敏感性测算如表 5-4、表 5-5 所示。

表 5-4 休闲类客户一等座定价敏感性分析

$\mid\varepsilon_{P3}\mid$取值	2	3	4	5.11	6	7	8
e_{b3}取值（元）	-10.30	-4.66	-1.84	0.00	0.98	1.79	2.39
P_{13}值（元）	$P_{13}<31.10$	$P_{13}<34.99$	$P_{13}<37.32$	$P_{13}=39.01$	$P_{13}>39.99$	$P_{13}>40.82$	$P_{13}>41.47$

表 5-5 休闲类客户二等座定价敏感性分析

$\mid\varepsilon_{P3}\mid$取值	1	2	3	3.39	4	5	6
e_{b3}取值（元）	-19.94	-5.80	-1.08	0.00	1.27	2.69	3.63
P_{23}值（元）	$P_{23}<17.10$	$P_{23}<22.79$	$P_{23}<25.64$	$P_{23}=26.40$	$P_{23}>27.35$	$P_{23}>28.49$	$P_{23}>29.31$

从测算结果分析，休闲类客户一等座当$\mid\varepsilon_{P3}\mid=5.11$时，$P_{13}=39.01$元；$\mid\varepsilon_{P3}\mid<5.11$时，$P_{13}<39.01$元，且$\mid\varepsilon_{P3}\mid$越小，定价越低；$\mid\varepsilon_{P3}\mid>5.11$时，$P_{13}>39.01$元，且$\mid\varepsilon_{P3}\mid$越大，定价越高。休闲类客户二等座当$\mid\varepsilon_{P3}\mid=3.39$时，$P_{23}=26.40$元；$\mid\varepsilon_{P3}\mid<3.39$时，$P_{23}<26.40$元，且$\mid\varepsilon_{P3}\mid$越小，定价越低；$\mid\varepsilon_{P3}\mid>3.39$时，$P_{23}>26.40$元，且$\mid\varepsilon_{P3}\mid$越大，定价越高。

5.3.4 差异化营销优化策略分析

具体差异化营销策略应结合客户细分市场和需求价格弹性进行分析。我们可以对不同客户人群和时间市场实施不同的营销策略，在企业利益和社会福利均衡之间优化营销，实现经济利益和产出效率的优化。当高铁追求社会福利最大化时，不进行客户市场细分，实行无差异营销；当追求企业利益最大化时，需进行差异化营销优化。

（1）按照需求价格弹性实施不同营销策略。按照需求量对价格的敏感性分为高弹性和低弹性客户。当追求企业利益最大化时，企业要考虑需求价格弹性的影响。对于高弹性客户应具体分析客户类别,增加、减少或维持营销投入;低弹性客户应减少营销投入;单位弹性客户应减少或维持营销投入。

(2) 按照客户价值高低实施不同营销策略。按照客户满意度、忠诚度、收入状况和乘坐意向等可分为高价值、一般价值和低价值客户。当追求企业利益最大化时,应对客户进行价值区分,重视高价值客户,但不能忽视人数众多的一般价值客户。高价值客户需求价格弹性不尽相同,不能一概而论,应具体分析弹性系数,增加或维持营销投入;一般价值客户弹性相对较高,人数比重大,应适当增加营销投入,培养部分有潜力的人群向高价值客户过渡;低价值客户弹性最低,一般是低收入或出行愿望较低人群,如儿童和 60 岁以上老人,应减少营销投入。

(3) 按照客户特征实施不同营销策略。按照客户特征分为公务类、通勤类和休闲类。公务类客户通常具有相对稳定职业,一般因出差需要乘坐高铁,这类人群对时间和速度要求高,对票价不敏感,弹性较低,应维持或减少营销投入;通勤类客户对时间和速度要求高,对票价较敏感,弹性较高,应增加或维持营销投入;休闲类客户一般为旅游、探亲访友人群,对时间和速度要求不高,对票价较敏感,弹性更高,应增加营销投入。

(4) 按照客流密集程度和供需状况实施不同营销策略。按照客流密集程度和供需状况可将客户分为高峰期市场和非高峰期市场。高峰期市场应采用社会福利最大化原则,维持营销投入;非高峰期市场应采用企业利益最大化原则,考虑需求价格弹性影响,对于高弹性客户增加或维持营销投入,低弹性客户减少营销投入。

5.4　本章小结

本章以客户市场细分为基础,建立了基于社会效益和企业利益双重均衡的次优差异化营销和定价模型,同时提出了不同需求价格弹性值下的营销和定价方法，以及差异化营销策略。研究分析的主要结果表述如下：

（1）提出了差异化营销歧视概念。差异化营销歧视包括三种：一级营销歧视、二级营销歧视和三级营销歧视。本章研究的差异化营销是基于不同类别消费需求的三级营销歧视，是通过研究不同客户人群需求弹性，按分类需求弹性系数调整营销投入来实现的，适用于成本加成弹性系数定价。

（2）建立了以拉姆齐次优理论为基础，基于双重均衡区分 i 类席别 j 类客户的高速铁路差异化营销投入取值模型，提出了不同类别客户票价、单位作业成本和营销投入进行配比的基本思路，给出了单位营销投入变动 e_j 的具体取值公式，指出 e_j 取值受需求营销弹性系数 ε_{mj} 和需求价格弹性系数 ε_{pj} 的双重影响。

（3）以单位营销投入变动 e_j 的取值模型为基础，进一步推导了不同需求价格弹性 $|\varepsilon_{pj}|$ 下 e_j 的取值方法、实施的营销策略及相应采取的定价方法。提出的单位营销投入取值及营销方法有三种：当 $e_{bj}>0$ 时，增加营销投入；当 $e_{bj}<0$ 时，减少营销投入；当 $e_{bj}=0$ 时，维持原营销投入。提出的定价模型及方法有三种：当 $P_{ij}>\gamma_{ij}\cdot\dfrac{\varepsilon_{pj}}{\varepsilon_{pj}+1}$ 时，在高于利润最大化均衡点定价；当 $P_{ij}<\gamma_{ij}\cdot\dfrac{\varepsilon_{pj}}{\varepsilon_{pj}+1}$ 时，在小于利润最大化均衡点定价；当 $P_{ij}=\gamma_{ij}\cdot\dfrac{\varepsilon_{pj}}{\varepsilon_{pj}+1}$ 时，在利润最大化均衡点定价。具体定价模型和方法要结合需求价格弹性 $|\varepsilon_{pj}|$ 和 e_j 取值进行分析。

（4）指出不同运营目标下采取的不同营销策略。当高铁追求社会福利最大化时，实行无差异营销。当追求企业利益最大化时，需进行市场细分，实行差异化营销优化策略，按照需求价格弹性、客户价值高低、客户特征及客流密集程度和供需状况实施不同的营销策略。

本章通过对调查问卷数据的回归分析，对不同客户群进行了市场细分，拟合了相应的需求函数。通过算例分析了不同客户群差异化营销投入取值，定价方法和营销方案，测算了营销优化取值和定价相对于需求价格弹性的敏感性，验证了模型的适用性并提出了不同运营目标下采取的不同营销策略。本章的研究结果为探索高速铁路满足公益性和市场性双重目标，实施次优差异化营销提供了具体指导方案，拓展了拉姆齐理论在营销领域的应用。

第6章

结论与展望

综合社会性和市场性双重属性，基于社会效益和企业利益均衡定价，是当前高速铁路应对市场竞争、实现社会资源优化配置的战略选择。本书对基于拉姆齐次优理论的高速铁路定价方法进行了研究，对高速铁路定价模型进行了优化设计。

6.1 本书研究工作总结

本书主要的研究工作总结如下。

（1）实例研究了采用实物模拟法和类比分析法确定的高速铁路作业成本。边际成本采用单位作业成本，不同席别的综合运输成本采用客运量分担率分配计算，建立了收入和支出之间的配比关系，确立了不同席别独立盈亏平衡时实现社会福利最大化的差别拉姆齐次优定价模型。

（2）实例研究拓展了拉姆齐指数取值范围，表明拉姆齐指数取值范围较传统取值区间更广。提出了拉姆齐指数的有效取值和运价的优化区间，及合理定价的判定方法，测算了高铁富有需求价格弹性时，不同拉姆齐指数取值下的定价区间及相应的利润、消费者剩余和社会总福利等参数的实施效果，验证了差别拉姆齐次优定价模型的可行性。

（3）实例研究了引入设计运能条件限制时，统一定价差别拉姆齐次优定价模型。在采用非贸易品产出物影子价格，即可变成本确定设计运能的Lagrange乘子取值基础上，测算了利润、消费者剩余和社会总福利等参数的实施效果，验证了基于设计运能限制的统一定价拉姆齐模型的可行性。

（4）实例研究了基于设计运能限制和不同时长权重的高速铁路分时段差别拉姆齐次优定价模型。在对不同开行频次作业成本计算的基础上，结合需求弹性拟合结果，测算了与统一定价相比，利润、消费者剩余和社会总福利等参数的实施效果，验证了分时段定价模型的适用性。

（5）实例研究了基于社会效益和企业利益均衡的高速铁路次优差异化营销和定价模型，在进行客户市场细分和不同客户群需求弹性拟合的基础上，提出不同客户群单位营销投入变动的优化取值方法，以及不同运营目标采取的营销策略。测算了不同客户群营销取值的敏感性和具体营销方法，验证了模型的适用性。

6.2　本书创新点

（1）在作业成本计算中加入营销成本，完善了作业成本的计算范围；边际成本采用单位作业成本，建立了基于作业成本的拉姆齐次优定价模型，使拉姆齐模型能够反映高速铁路运输成本特征。不同席别综合运输成本采用客运量分担率分配计算，实现了不同席别收入和成本的配比，从而产生了差别拉姆齐指数，建立了不同席别独立计算盈亏平衡的差别拉姆齐次优定价模型。

（2）分析建立了差别拉姆齐次优定价模型的实施方案。提出拉姆齐指数取值区间为 $[0, -\varepsilon)$，拓展了传统拉姆齐指数取值区间为 $[0, 1]$ 的结论；提出了需求富有弹性和缺乏弹性两种情况下的拉姆齐指数取值区间，相应定价方法和实施效果。进一步建立了在次优定价模型有效取值范围内，确定合理定价的两种方法，即效率系数判定法和社会总福利离差率判定法，提出根据不同线路的运营目标和政策取向，选择较高或中等结果的区间作为定价方法。

（3）引入非贸易品影子价格作为运能限制条件的 Lagrange 乘子取值，建立了基于设计运能限制的统一定价差别拉姆齐次优定价模型；采用单位作业成本作为边际成本，不同席别综合运输成本采用客运量分担率分配计算，建立了不同席别分时段收入和支出相配比计算盈亏平衡，基于设计运能限制和不同时长权重的分时段差别拉姆齐次优定价模型。实例指出分时段定价的社会效益优于不进行市场细分的统一定价方案，并且当开行频次达到一定程度时，分时段定价社会总福利效果优于统一定价，且开行频次越高，实施效果越好。

（4）建立了基于社会效益和企业利益均衡的次优差异化营销取值模型，提出差异化营销的具体取值区间和营销方法、定价模型和定价方法。提出根据不同运营目标采取的差异化营销策略，即社会福利最大化下实施无差异营销，单位营销变动不受需求弹性影响；企业利润最大化下实施差异化营销，单位营销变动受需求价格弹性影响，根据不同客户群需求弹性确定不同的单位营销投入变动取值方法和营销方法。

6.3 研究展望

本书通过研究拉姆齐次优理论，对高速铁路定价模型和方法进行了完善，但仍然存在一些不足和有待进一步研究的地方。

（1）差别拉姆齐次优定价模型的研究展望。本书建立的差别拉姆齐次优定价模型中，边际成本和需求弹性的取值反映的是一定时期的动车运营状况，不具有稳定性和通用性。模型中的单位作业成本在开行频次固定时保持不变，当开行频次变动时将发生变化。此外一定开行频次动车在不同运营状况下作业成本也会发生变化；模型中的需求价格弹性系数受调查统计结果影响，当客流量或国民收入水平等显著变化时，应重新进行调查统计。因此，如何测算合理且相对稳定的边际成本和需求价格弹性系数，制定更加适用的定价方法是今后的研究方向。

（2）分时段差别拉姆齐次优定价模型的研究展望。与差别拉姆齐次优定价模型一样，分时段差别拉姆齐次优定价模型也不具有稳定性和通用性。一定开行频次动车在不同运营状况下作业成本将发生变化，不同开行频次作业成本也不同。当运营状况或开行频次变化时，需及时调整计算适用的单位作业成本；当高峰期开行频次变动时，需重新进行问卷调查，拟合相应的需求函数，确定需求弹性系数；此外，本模型建立在高峰期设备能力不变的基础上，当高峰期增加设备能力时，本书模型不具有适用性，需进一步完善。因此，如何科学测算合理且相对稳定的分时段作业成本和需求弹性系数，探索适用于不同运营状况和开行频次的分时段模型，是今后的研究方向。

（3）次优差异化营销模型的研究展望。本书在假设需求营销弹性系数 ε_{mj} 通常为正数的条件下，只研究了需求价格弹性系数 e_{pj} 对单位营销投入变动的影响，没有研究 ε_{mj} 取值及其对单位营销投入变动的影响。当考虑 ε_{mj} 和 e_{pj} 的双重影响时，差异化营销和定价方法会发生变化。此外不同客户群需求价格弹性系数 e_{pj} 的取值受调查统计结果影响，当客流量或国民收入水平等显著变化时，应重新进行调查统计，差异化营销和定价方法会发生变化。因此，研究确定需求营销弹性系数，以及适用且相对稳定的需求价格弹性系数，制定更加科学、实用的差异化营销和定价方法是今后的研究方向。

参考文献
References

［1］Sandmo A. Public Goods ［M］. Shanghai：Shanghai Education Press，1987：1061.

［2］Samuelson. The Pure Theory of Public Expenditure ［J］. Review of Economics and Statistics，1954，36（11）：1-29.

［3］张汗青. 准公共物品视角下高速铁路票价体系研究 ［D］. 东北财经大学硕士学位论文，2013.

［4］于立，肖兴志. 自然垄断理论演进综述 ［J］. 经济学动态，2000（6）：70-73.

［5］Masu Uekusa. The Micro Regulation Economics ［M］. Beijing：China Development Press，1992.

［6］徐华. 自然垄断产品定价：边际成本法还是平均成本法 ［J］. 中国经济问题，1999（2）：40.

［7］黎诣远. 微观经济分析 ［M］. 北京：清华大学出版社，2001：79.

［8］Lipsey R. G.，Lancaster K. The General Theory of Second Best ［J］. Review of Economic Studies，1956，24（1）：119.

［9］Hotelling H. The General Welfare in Relation to Problems of Taxation and of Railway and Utility Rates ［J］. Ecomometyeca，1938（6）：242-244.

［10］Hall，Robert E. The Relation between Price and Marginal Cost in U. S. Industry ［J］. Journal of Political Economy，1988，96（5）：921-947.

［11］Pederson A. On the Optimal Fare Policies in Urban Transportation ［J］. Transportation Research Part B，2003，（37）：423-435.

［12］Ramsey F. P. A Contribution to the Theory of Taxation ［J］. The

Economic Journal, 1927, 37 (145): 47-61.

[13] Baumol William J., David F. Bradford. Optimal Departures from Marginal Cost Pricing [J]. American Economic Review, 1970, 60 (3): 265-283.

[14] Anthony Horsley, Andrew J. Wrobel. Boiteux's Solution to the Shifting-peak Problem and the Equilibrium Price Density in Continuous Time [J]. Economic Theory, 2002, 20 (3): 503-537.

[15] 戚宇杰, 姜涛. 基于系统动力学的城市轨道交通定价方法研究 [J]. 都市快轨交通, 2005 (12): 17-20.

[16] 崔伟. 高速铁路客运定价理论与方法研究 [D]. 兰州交通大学硕士学位论文, 2013.

[17] 曾国红, 程谦. 基于差别定价的铁路旅客票价优化研究 [J]. 经济研究, 2013, 35 (7): 6-10, 23.

[18] 张秀敏, 赵冬梅, 文曙东. 铁路客票收益管理研究 [J]. 铁道运输与经济, 2006, 28 (7): 7-9.

[19] 王睿明. 基于博弈论的民航与高铁市场竞争策略研究 [D]. 南京航空航天大学硕士学位论文, 2013.

[20] 王俊豪. A-J效应与自然垄断产业的价格管制模型 [J]. 中国工业经济, 2001 (10): 33-39.

[21] 孙钰. 公共物品定价与市场化配置研究 [J]. 生产力研究, 2003 (3): 47-49.

[22] 任俊生. 自然垄断行业国有经济控制力问题探讨 [J]. 长白学刊, 2004 (5): 64-67.

[23] 周勤, 余晖. 转型时期中国产业组织的演化: 产业绩效与产业安全 [J]. 管理世界, 2006 (10): 68-81.

[24] Weyzig Francis. Political and Economic Arguments for Corporate Social Responsibility: Analysis and a Proposition Regarding the CSR Agenda [J]. Journal of Business Ethics, 2009, 86 (4): 417-428.

[25] Goering Gregory E. Corporate Social Responsibility and Marketing Channel Coordination [J]. Research in Economics, 2012, 66 (2): 142-148.

［26］ Damus S. Ramsey Pricing by U. S. Railroads：Can it Exist？［J］. Journal of Transport Economics and Policy，1984，18（1）：51-61.

［27］ Braeutigam R. Optimal Policies for Natural Monopolies ［M］. Amesterdam：Handbook of Industrial Organization，1989.

［28］ Jorgensen Finn，H. Pedersen，G. Solvoll. Ramsey Pricing in Practice：The Case of the Norwegian Ferries ［J］. Transport Policy，2004，11（3）：205-214.

［29］ 赵良杰，陈义华，车天义. 重庆轻轨票价方案研究［J］. 铁道运输与经济，2005，11（12）：11-13.

［30］ Zhang Ying，Bing Xu. Research on Peak Price Modeling of Railway Passenger Transport ［J］. Journal of Shenyang University of Technology ［J］. Social Science Edition，2008（4）：18.

［31］ Lei Zhang，Shuyi Liu. Research on the Elastic Pricing Theory Based on Ramsey Model ［J］. Applied Mechanics and Materials，2014，3308（587）：2124-2127.

［32］ Vickrey W. Some Implication of Marginal Cost Pricing for Public Utilities ［J］. The American Economic Review，1955，45（2）：605-620.

［33］ Turvey R.，Mohring H. Optimal Bus Fares ［J］. Journal of Transportat Economics and Policy，1975，9（3）：280-286.

［34］ Deb Kaushik，M. Filippini. Estimating Welfare Changes from Efficient Pricing in Public Bus Transit in India ［J］. Transport Policy，2011，18（1）：23-31.

［35］ Sten Nybery. Price Policies and Economic Grant ［J］. Westport Conn Prager，1993（18）：4-20.

［36］ Dieter Bos. Pricing and Price Regulation－an Economic Theory for Public Enterprises and Publicutilities ［J］. Journal of Public Economics，1994，25（3）：9-56.

［37］ Chung－Wen H.，Yusin L.，Chun－Hsiung. Competition between High－speed and Conventional Rail System：A Game Theoretical Approach ［J］. Expert Systems with Appications，2010（37）：3162-3170.

[38] Nicole A., Eric P., Chris N. High-speed Rail and Air Transport Competition: Game Engineering as Tool for Cost-benefit Analysis [J]. Transportation Research Part B, 2010 (44): 812-833.

[39] Bharill Rohit, Narayan Rangaraj. Revenue Management in Railway Operations: A Study of the Rajdhani Express, Indian Railways [J]. Transportation Research Part A: Policy and Practice, 2008, 42 (9): 1195-1207.

[40] Cabral L., Fishman A. Business as usual: A Consumer Search Theory of Sticky Prices and Asymmetric Price Adjustment [J]. International Journal of Industrial Organization, 2012, 30 (4): 371-376.

[41] Asao Ando, Bo Meng. Spatial Price Equilibrium and the Transport Sector: A Trade-Consistent SCGE Model [J]. IDE Discussion Paper No. 447, 2014.

[42] You Yifeng, Bai Chunxiao. Optimal Policies of Yield Management with Multiple [J]. Operations Research, 2000 (2): 332-343.

[43] Gao Jijiang. Set up a Reasonable Price System, Form Diversified Modes of Transportation Price [J]. Railway Transport & Economy, 2001, 36 (9): 15-18.

[44] Sun Xiqing, X. A. Sun. Discussion on Railway Dynamic Ticket Price Control and Selling Strategies [J]. Railway Transport & Economy, 2012, 24 (10): 43-45.

[45] Jiang Xiushan, Chen Xiqun, Zhang Lei, Zhang Ruifeng. Dynamic Demand Forecasting and Ticket Assignment for High Speed Rail Revenue Management in China [C]. Transportation Research Board Annual Meeting, 2015: 4315-4362.

[46] Bian Chang-zhi, L. U. Hua-Pu, Y. U. Xinxin. Price Game between Intercity Railway and Bus [J]. Journal of Transportation Systems Engineering & Information Technology, 2010, 10 (1): 184-189.

[47] Ruiwei Chen. Research on a Dynamic Ticket Pricing Model for the Passenger Dedicated Lines [C]. CICTP, 2012: 1758-1769.

[48] Jia Wang, Xin Miaoyang. Fare Competition in Intercity Passenger

Transport Market：Challenges in China ［C］. ICCTP，2011：219-226.

［49］ Chen Hao，Zhang Lei. High - speed Railway Pricing Mechanism Based on Tour Expense for Family Private Car Using Highway ［C］. ICTE，2011：1293-1298.

［50］ Luan Weixin，et al. Research on Dynamic Ticket Pricing of High - speed Railway and Air Transportation under Influence of Induced Passenger Flow ［J］. Railway Transport & Economy，2012，38（7）：52-53.

［51］ Rui Zhang，Weixin Luan，Yu Mal，Bingru Zhao. Dynamic Ticket Pricing of High-Speed Railways and Airlines Based on Customer Choice ［C］. CICTP，2015：1698-1707.

［52］ 徐冰. 基于铁路客运票价的定价模型及求解方法研究 ［D］. 沈阳工业大学硕士学位论文，2007.

［53］ Si M. A.，L. Chen. Optimal Pricing of High Speed Passenger Railway based on Price Sensitivity of Passengers ［J］. Journal of Southwest Jiaotong University，2011，46（3）：494-499.

［54］ Shubin Li，Wenxiu Dang，Fu Baibai. Strategy Model and Solution Algorithm of Railway Passenger Ticket Price ［J］. Shandong Science，2014，27（1）：73-77.

［55］ 丁慧平，孙长松，徐敏青. 基于资本属性及回报要求的高速铁路客运投资分析 ［J］. 同济大学学报，2012（10）：68-74.

［56］ 王茜. 基于成本和时间价值的高铁客运票价制定机理研究 ［D］. 北京交通大学硕士学位论文，2014.

［57］ 王修华. 客运专线旅客票价制定机理研究 ［J］. 铁道勘查，2008（2）：91-93.

［58］ 黎明. 公共道路产业价值规律决定高速铁路定价 ［J］. 物流工程与管理，2011（6）：157-158.

［59］ Liu Huilin，Tao Siyu，Zha Weixiong. Setting Price to Railway Passenger Ticket ［C］. International Conference on Transportation Engineering，2007：3239-3244.

［60］ Zeng Jin，Nie Lei，Zhou Huaying. A Pricing Model based on Time

Utility in Passenger Dedicated Railway [C]. International Conference on Transportation Engineering, 2009: 213-218.

[61] Fenling Feng, Feifei Li. Pricing Model of Railway Cargo Transport based on Option Theory [J]. Journal of Railway Science and Engineering, 2012 (2): 16.

[62] Shi Ying, Xiaoping Fang, Zhiya Chen. Price Analysis of Railway Freight Transport under Marketing Mechanism [J]. Physics Procedia, 2012 (25): 2038-2044.

[63] Zeng Jin, et al. Passenger Ticket Theory and Empirical Research based on Valuation of Travel Time [C]. World Automation Congress, 2012 (WAC): 1-4.

[64] Jiawei Chen, Canjun Lu, Wei Wang. Analysis for Deciding Intercity Rail Fares [C]. ICTE, 2015: 2017-2025.

[65] Daniel V. Optimal Pricing in Raiway Passenger Transport: Theory and Practice in the Netherlands [J]. Transport Policy, 2002 (9): 95-106.

[66] Williamson Q. E. Peak-load Pricing and Optimal Capacity under Indivisibility Constraints [J]. American Economic Review, 1966, 56 (4): 810-827.

[67] Borger B. D. Wouters S. Transport Externalities and Optimal Pricing and Supply Dicisiong in Urban Transportation: A Simulation Analysis for Belgium [J]. Regional Science and Urban Economics, 1998, 28 (2): 163.

[68] Luis A., Guzman, Danial de la Hoz, Andres Monzon. Optimal and Long-term Dynamic Transport Policy Design: Seeking Maximum Social Welfare through a Pricing Scheme [J]. International Journal of Sustainable Transportation, 2014, 8 (4): 297-316.

[69] Hetrakul P., Cirillo C. A Latent Class Choice based Model System for Railway Optimal Pricing and Seat Allocation [J]. Transportation Research Part E: Logistics and Transportation Review, 2014, 61 (1): 68-83.

[70] Glaister S., Lewis D. An Integrated Fares Policy for Transportation in London [J]. Journal of Public Economics, 1978, 9 (3): 341.

［71］ Bianchi R., S. R. Jara－Díaz, J. Ortúzar. de D. Modeling New Pricing Strategies for the Santiago Metro ［J］. Transportation Policy, 1998, 5 (4)：223.

［72］ Tokayochi Fujita. Comparative Culture Study—High－Speed Railway System in Japan and South Korea ［J］. Japan Railway & Transport Review, 2007, 48 (8)：36-39.

［73］ Oskar Froidh. Perspectives for a Future High－speed Train in the Suedish Domestic Travel Market ［J］. Journal of Transport Geography, 2008 (16)：268-277.

［74］ 方晓平, 陈治亚, 黄由衡. 差别定价法在铁路运输中的应用研究 ［J］. 长沙铁道学院学报, 2000, 18 (4)：39-43.

［75］ 于良春, 彭恒文. 中国铁路客运高峰负荷定价模型分析 ［J］. 中国工业经济, 2006, 216 (3)：46-52.

［76］ 钱春燕, 吴芳, 李志成. 差别定价法在铁路客运中的应用 ［J］. 铁路运营技术, 2010, 16 (1)：16-17.

［77］ 郑鹏杰. 弹性需求条件下城际铁路时段定价问题研究 ［D］. 兰州交通大学硕士学位论文, 2015.

［78］ 王烈, 任民, 徐刚. 铁路客运高峰定价模型研究 ［J］. 经济研究, 2004, 26 (2)：7-9.

［79］ Zhang Hongliang, et al. Ticket Pricing of Passenger Dedicated Line under the Competitive Conditions with Air Passenger Transport ［J］. China Railway Science, 2009 (3)：26.

［80］ 李艳杰. 基于拉姆齐模型的城市轨道交通定价研究 ［D］. 哈尔滨工业大学硕士学位论文, 2011.

［81］ 王健, 周红飞. 基于拉姆塞定价理论的城市轨道交通分时段定价模型研究 ［J］. 城市轨道交通研究, 2012 (6)：36-40, 73.

［82］ 陈小军, 林晓言. 中国铁路客运服务实行差别定价问题研究——一个时间价值参照点依赖视角 ［J］. 经济与管理研究, 2013 (10)：54-64.

［83］ 张岚, 朱连华, 吴秀钰, 沈蓓蓓, 宋迎曦. 基于浮动定价模型的高速铁路票价定价机制实证分析 ［J］. 铁道运输与经济, 2014, 36

(4): 1-4, 24.

［84］Wendell R. Smith. Product Differentiation and Market Segmentation as Alternative Marketing Strategies ［J］. Journal of Marketing, 1956, 21 (1): 3-8.

［85］菲利普·科特勒. 营销管理 ［M］. 北京：中国人民大学出版社, 2000.

［86］Shultz Don. Understanding the New Research Needs ［J］. Journal of Direct Marketing, 1995, 12 (3): 5-7.

［87］Peppers Don, Martha Rogers. The One to One Future: Building Relationships One Customer at a Time ［J］. Journal of Marketing, 1999, 59 (4): 108.

［88］Adrian P., Pennie F. A Strategic Frame for Customer Relationship Management ［J］. Journal of Marketing, 2005, 69 (10): 167-176.

［89］Naguray A. Amulticlass, Multicriteria Traffic Network Equilibrium Model with Elastic Demand ［J］. Transportation Research, 2002, (36): 445-469.

［90］George A. Papachristou. Is Lottery Demand Elasticity a Reliable Marketing Tool? Evidence from a Game Innovation in Greece ［J］. International Review of Economics, 2006, 53 (4): 627-640.

［91］Dai Nakagawa, Masatoshi Hatoko. Reevaluation of Japanese High-speed Rail Construction Recent Situation of the North Corridor Shinkansen and its Way to Completion ［J］. Transport Policy, 2007 (14): 150-164.

［92］吴泗宗, 张峥. 基于价值链的客户关系管理 (CRM) 基本模式研究 ［J］. 哈尔滨商业大学学报, 2003, 10 (19): 528-531.

［93］王涛. 建立我国高速铁路客票动态定价营销体系 ［J］. 中小企业管理与科技, 2011 (7): 68.

［94］王韬, 曾小平. 客户关系管理系统下企业收益和社会总福利均衡 ［J］. 工业工程与管理, 2003, 50 (4): 35-38.

［95］谢俊楠. 高速铁路动态定价策略分析 ［J］. 对外经贸, 2015, 1 (247): 135-137.

［96］Rong Hua, Jun Liu, Yun Bao. A Method for Organizing Long-Distance Passengers on Railway Passenger Dedicated Lines ［C］. Traffic and Transportation Studies, 2010 (ASCE): 1217-1227.

［97］ Pan, Hong Mei. Discussion on Marketing Strategies of Railway Tour Dedicated Trains ［J］. Railway Transport & Economy, 2012, 21 (10): 65-67.

［98］ 柏巢. 如何做弹性营销 ［J］. 销售与市场, 2013, 22 (8): 70-71.

［99］ Lin Wang, Ying Lv, Si Ma. Adaptation Evaluation on the Passenger Equipment Capacity of High-Speed Railway Station Handling Normal Speed Trains ［C］. ICLEM 2014: System Planning, Supply Chain Management and Safety, 2014: 335-341.

［100］ Si Ma, Wenting Zhang, Chuanfen Xu, Yunxia Deng. Evaluation of High-Speed Railway Product Adaptability ［C］. ICTE, 2015: 86-92.

［101］ Wenyu Rong, Di Liu, Xi He. Prediction of High-Speed Railway Passenger Demand Volume based on Grey Relational Analysis ［C］. ICTE, 2015: 173-179.

［102］ 马崇岩. 高速铁路运输成本问题研究——以京沈高速铁路为例 ［D］. 西南交通大学硕士学位论文, 2014.

［103］ Keeler. Railroad Costs, Returns to Scale and Excess Capacity ［J］. Review of Economics and Statistics, 1974 (56): 201-208.

［104］ Caves Douglas W., Christensen Laurits R., Tretheway Michael W. Flexible Cost Functions for Multipruduct Firms ［J］. Review of Economics and Statistics, 1980 (62): 477-481.

［105］ Shaw-Er Wang. Cost Structure and Productivity Growth of the Taiwan Railway ［J］. Transportation Research Part E, 2006 (2): 317-339.

［106］ Eric Kohler. Kohler's Dictionary for Accountings ［M］. Englewood: Prentice-Hall Inc., 1952.

［107］ George J. Staubus, Activuty Costing and Input-Output Accounting ［J］. Journal of Economics & Business Administration, 1972 (125): 118-123.

［108］ Johnson H. T., Kaplan R. S. Relevance Lost: The Raise and Fail of Management Accounting ［M］. Cambridge: Harvard Business School Press, 1987.

［109］ Robin Cooper. The Rise of Activity-Based Costing Part One: What is an Activity-Based Cost System［J］. Journal of Cost Management，1988，2（1）：170-171.

［110］叶薇. 高速铁路运营成本及票价测算系统研究［D］. 北京交通大学硕士学位论文，2002.

［111］A. Amershi, R. D. Banker, S. M. Datar. Economic Sufficiency and Statistical Sufficiency in the Aggregation of Accounting Signals［J］. The Accounting Review, 1990, 65（1）：113-130.

［112］R. D. Banker, J. S. Hungers. Costing and Pricing［J］. Accounting Review, 1994, 69（3）：479-494.

［113］Kenneth Button. Transportation Economics［M］. Beijing：China Machine Press, 2013.

［114］C. Nash, J. Shires, H. Link. Measuring the Marginal Social Costs of Road Transport：What are the Most Important Elements?［M］. Elsevier Science Ltd, 2005.

［115］李岱安. 我国铁路路网成本与定价问题的研究［D］. 北京交通大学博士学位论文，2006.

［116］李海波，王莹. 客运专线运营成本组成要素分析［J］. 交通科技与经济，2009（5）：47-49，52.

［117］廖隽勇. 铁路客运专线主要技术标准综合优化初步研究［D］. 西南交通大学硕士学位论文，2010.

［118］周熙霖. 客运专线运输成本研究［J］. 铁道标准设计，2006（S1）：272-274.

［119］方琪根，武颖娴. 高速铁路运营成本的作业成本法测试研究［J］. 铁道科学与工程学报，2006（5）：87-92.

［120］David Watling. A Second Order Stochastic Network Equilibrium Model II：Solution Method and Numerical Experiments［J］. Transportation Research Record, 1973, 4（16）：28-35.

［121］Alfred Marshall. Principles of Economics［M］. New York：Prometheus Books, 1997.

［122］J. M. Keynes. A Treatise on Money［M］. New York：Ams Pr

Inc.，1976.

［123］Gorge R. Parsons. A Demand Theory for Numbers of Trips in a Ran-dom Utility Model of Recreation ［J］. Environment Economics，1996，2（1）：23-37.

［124］Litman Todd. Transit Price Elasticities and Cross-elasticities ［J］. Journal of Public Transportation，2004，7（1）：37-58.

［125］Yonghwa Park，Hun-Koo Ha. Analysis of the Impact of High-speed Railroad Service on Air Transport Demand ［J］. Transportation Research Part E，2006（42）：95-104.

［126］Fouquet Roger. Trends in Income and Price Elasticities of Transport Demand（1850-2010）［J］. Energy Policy，2012（50）：62-71.

［127］耿永志，刘凤军. 试析需求弹性理论在经济决策中的应用 ［J］. 武汉化工学院学报，2005，3（2）：9-12.

［128］Cheng Qian，H. Niu. Application of Demand Elasticity to Making of Railway Transport Price ［J］. Journal of Lanzhou Jiaotong University，2007，12（6）：69-71.

［129］杨宇正，周文梁. 基于弹性需求的高速铁路列车开行方案优化 ［J］. 铁道科学与工程学报，2012，1（12）：45-49.

［130］马淑芳. 基于需求弹性的我国高速铁路运价策略研究 ［D］. 北京交通大学硕士学位论文，2015.

［131］中铁工程设计咨询集团有限公司. 京包线集宁至包头段增建第二双线可行性研究 ［M］. 呼和浩特：蒙冀铁路公司，2007.

［132］蒙冀铁路公司. 京包线集宁至包头段增建第二双线工程基本技术方案 ［M］. 呼和浩特：蒙冀铁路公司，2009.

［133］包头市统计局. 2014 年包头市统计年鉴 ［M］. 包头：包头市统计局，2015.

［134］姜开妍. 基于需求弹性与规模经济的高速铁道定价研究 ［D］. 北京交通大学硕士学位论文，2014.

［135］李平等. 铁路投资项目影子价格体系——铁路投资项目国民经济评价问题研究之二 ［J］. 数量经济技术经济研究，2001（2）：39-44.

［136］Gong Xiuling, Wang Huiwu, Zhu Jinfu. Suboptimal Pricing Model and Analysis of High-speed Railway ［J］. Journal of Interdisciplinary Mathematics, 2017, 20 （5）: 1203-1222.

［137］Gong Xiuling, Wang Huiwu, Zhu Jinfu. Sub-time Pricing Model and Effect Analysis of High - speed Railway ［J］. Journal of Discrete Mathematical Science & Cryptography , 2017, 20 （5）: 971-990.

［138］Gong Xiuling, Wang Huiwu, Zhu Jinfu, Zhang Wentao. Differential Marketing Optimization Model and Strategies of High-speed Railway ［J］. Journal of Interdisciplinary Mathematics, 2017, 20 （5）: 1223-1239.

［139］弓秀玲，王慧武，朱金福. 高速铁路差异化营销优化取值模型研究 ［J］. 会计之友. 2017 （12）: 13-18.

附 录
Appendix

附录一 包头到呼和浩特动车组问卷调查

您好！我们是内蒙古科技大学科研团队，希望了解您对现在呼包动车的一些意见、看法，调查结果仅用于高速铁路学术研究课题，没有任何商业目的，不涉及个人隐私。感谢您在百忙之中为我们完成这份问卷，您提供的答案将对我们的研究具有重要意义。选项画"√"。谢谢！

1. 您的职业

（　）行政机关　　　（　）教育行业　　　（　）其他事业单位
（　）自由职业　　　（　）学生　　　　　（　）无职业
（　）其他

2. 您的年龄

（　）小于 20 岁　　（　）20～30 岁　　　（　）31～40 岁
（　）41～50 岁　　 （　）51～60 岁　　　（　）60 岁以上

3. 您的学历

（　）大学以下　　　（　）大学　　　　　（　）硕士
（　）博士

4. 您的月收入

（　）小于 2000 元　（　）2000～3000 元　（　）3001～4000 元
（　）4001～5000 元（　）5001～10000 元（　）10000 元以上

5. 您居住的城市

（　）包头　　　　　（　）包头东　　　　　（　）呼和浩特

（　）呼和浩特东　　（　）其他城市

6. 您此次出行的目的地

（　）东河　　　　　（　）呼和浩特　　　　（　）呼和浩特东

7. 您此次出行的目的

（　）单位出差　　　（　）旅游　　　　　（　）探亲访友

（　）从学校往（返）（　）上下班（通勤或务工）

（　）其他事务

8. 您往返呼包的次数一年大约

（　）10 次以下　　（　）10～20 次　　　（　）21～30 次

（　）30 次以上

9. 您认为动车组票价是否合理

（　）价格太贵，不能接受

（　）价格较贵，但可以接受

（　）价格合理

（　）价格便宜

10. 您能接受的呼包动车组一等座票价

（　）30～40 元　　（　）41～50 元　　　（　）51～60 元

（　）61～70 元　　（　）70 元以上

11. 您能接受的呼包动车组二等座票价

（　）20～30 元　　（　）31～40 元　　　（　）41～50 元

（　）51～60 元　　（　）60 元以上

12. 您认为动车上一顿餐的价位多少可以接受

（　）10 元以下　　（　）10～20 元　　　（　）21～30 元

（　）31～40 元　　（　）41～50 元　　　（　）50 元以上

13. 您认为目前发车 15 对频次以及发车间隔

（　）发车频次及间隔合理

（　）应增加发车频次，缩短间隔时间

（　）应减少发车频次，增加间隔时间

（　）应根据客流量及时调整

14. 您认为呼包修建动车组是否有必要

（　）有必要　　　　　（　）没必要

15. 您对呼包动车组的速度是否满意

（　）很满意　　　　　（　）比较满意

（　）比较慢，但可以接受

（　）非常慢，不能接受

16. 您对动车组的服务是否满意

（　）满意　　　　　（　）一般满意　　　　（　）不满意

17. 对于一等座和二等座，您更愿意乘坐

（　）一等座　　　　　（　）二等座

18. 相比行车时间一个半小时左右的其他列车，如 T6305，Z318（票价为 24.5 元），您更愿意乘坐

（　）动车组　　　　　（　）其他列车

19. 相比普通列车和动车，您更愿意

（　）优先选择动车

（　）着急办事才选择动车

（　）优先选择普通列车

（　）看情况（时间或经济状况），两者都可以接受

20. 您认为票价的形式应有

（　）区分每天的高峰期、非高峰期定价

（　）区分每年的高峰期、非高峰期定价

（　）区分离发车时间远近定价

（　）区分散客、团队定价

（　）区分老人、学生、儿童等不同群体定价

（　）参照公交推行次票（例如可使用 50 次的动车卡）

21. 您购票的途径

（　）网上购票　　　　（　）电话订票　　　　（　）窗口买票

（　）旅行社订票　　　（　）其他

22. 其他建议

附录二　注释表

差别拉姆齐定价参数注释		统一定价参数注释	
R_i	i 类席别年收入	R_{Ti}	i 类席别年收入
P_i	i 类席别的票价	P_{Ti}	i 类席别的票价
Q_i	i 类席别年设计运能	Q_{Ti}	i 类席别年设计运能
q_i	i 类席别年实际客运量	q_{Ti}	i 类席别年实际客运量
γ_i	i 类席别单位作业成本	γ_{Ti}	i 类席别单位作业成本
f_i	i 类席别固定成本	f_{Ti}	i 类席别固定成本
U_i	i 类席别期间费用	U_{Ti}	i 类席别期间费用
V_i	i 类席别营业外支出	V_{Ti}	i 类席别营业外支出
ε_{Pi}	i 类席别需求价格弹性系数	ε_{Ti}	i 类席别需求价格弹性系数
λ_i	i 类席别 Lagrange 乘子	λ_{Ti}	i 类席别利润的 Lagrange 乘子
d_i	i 类席别客运分担率	β_{Ti}	i 类席别客运量的 Lagrange 乘子
$P_i(q_i)$	i 类席别需求逆函数	$P_{Ti}(q_{Ti})$	i 类席别需求逆函数
$S_i(p_i)$	i 类席别消费者剩余函数	$S_{Ti}(P_{Ti})$	i 类席别消费者剩余函数
$C_i(q_i)$	i 类席别成本函数	$C_{Ti}(q_{Ti})$	i 类席别成本函数
$\int_0^{x_i} P_i(q_i)\,dq_i$	i 类席别需求逆函数积分	$\int_0^{x_{Ti}} P_{Ti}(q_{Ti})\,dq_{Ti}$	i 类席别需求逆函数积分
α_i	i 类席别拉姆齐价格指数	R_T	年总收入
Q	年设计客运量	C_T	年总成本
π	年总利润	U_T	年总期间费用
S	年总消费者剩余	V_T	年总营业外支出
W	年社会总福利	π_T	年总利润
		S_T	年总消费者剩余
		W_T	年社会总福利

分时段定价全年视为高峰期参数注释		分时段定价全年视为非高峰期参数注释	
R_{Gi}	i 类席别全年视为高峰期年收入	R_{Fi}	i 类席别全年视为非高峰期年收入
q_{Gi}	i 类席别全年视为高峰期年设计运能	q_{Fi}	i 类席别全年视为非高峰期年设计运能
q_{Gi}	i 类席别全年视为高峰期实际客运量	q_{Fi}	i 类席别全年视为非高峰期实际客运量
U_{Gi}	i 类席别全年视为高峰期期间费用	U_{Fi}	i 类席别全年视为非高峰期期间费用
V_{Gi}	i 类席别全年视为高峰期营业外支出	V_{Fi}	i 类席别全年视为非高峰期营业外支出
π_{Gi}	i 类席别全年视为高峰期年利润	π_{Fi}	i 类席别全年视为非高峰期年利润
R_G	全年视为高峰期年总收入	R_F	全年视为非高峰期年总收入
Q_G	全年视为高峰期年总设计运能	Q_F	全年视为非高峰期年总设计运能
q_G	全年视为高峰期年实际客运量	q_F	全年视为非高峰期年实际客运量
C_G	全年视为高峰期年总成本	C_F	全年视为非高峰期年总成本
U_G	全年视为高峰期年总期间费用	U_F	全年视为非高峰期年总期间费用
V_G	全年视为高峰期年总营业外支出	V_F	全年视为非高峰期年总营业外支出
π_G	全年视为高峰期的年总利润	π_F	全年视为非高峰期的年总利润
S_G	全年视为高峰期年总消费者剩余	S_F	全年视为非高峰期的年总消费者剩余
W_G	全年视为高峰期的年社会总福利	W_F	全年视为非高峰期的年社会总福利

续表

分时段定价高峰期参数注释		分时段定价非高峰期参数注释	
P_{Gi}	i 类席别高峰期票价	P_{Fi}	i 类席别非高峰期票价
γ_{Gi}	i 类席别高峰期单位作业成本	γ_{Fi}	i 类席别非高峰期单位作业成本
f_{Gi}	i 类席别高峰期固定成本	f_{Fi}	i 类席别非高峰期固定成本
d_{Gi}	i 类席别高峰期客运分担率	d_{Fi}	i 类席别非高峰期客运分担率
ε_{Gi}	i 类席别高峰期需求弹性数	ε_{Fi}	i 类席别非高峰期需求弹性
$P_{Gi}(q_{Gi})$	i 类席别高峰期需求逆函数	$P_{Fi}(q_{Fi})$	i 类席别非高峰期需求逆函数
$S_{Gi}(P_{Gi})$	i 类席别高峰期消费者剩余函数	$S_{Fi}(P_{Fi})$	i 类席别非高峰期消费者剩余函数
$C_{Gi}(q_{Gi})$	i 类席别高峰期成本函数	$C_{Fi}(q_{Fi})$	i 类席别非高峰期成本函数
λ_{Gi}	i 类席别高峰期利润乘子	λ_{Fi}	i 类席别非高峰期利润乘子
β_{Gi}	i 类席别高峰期客运量乘子	β_{Fi}	i 类席别非高峰期客运量乘子
$\int_0^{x_{Gi}} P_{Gi}(q_{Gi})dq_{Gi}$	i 类席别高峰期需求逆函数的积分	$\int_0^{x_{Fi}} P_{Fi}(q_{Fi})dq_{Fi}$	i 类席别非高峰期需求逆函数的积分
分时段定价参数注释		差异化营销参数注释	
R_T^*	分时段定价年总收入	P_{ij}	i 类席别 j 类客户票价
C_T^*	分时段定价年总成本	γ_{ij}	i 类席别 j 类客户单位作业成本
U_T^*	分时段定价年总期间费用	q_{ij}	i 类席别 j 类客户客运量
V_T^*	分时段定价年总营业外支出	ε_{mj}	j 类客户需求营销弹性系数
π_T^*	分时段定价年总利润	ε_{pj}	j 类客户需求价格弹性系数
S_T^*	分时段定价年总消费者剩余	e_{bj}	企业利益最大化下 j 类客户单位单位营销投入变动
W_T^*	分时段定价年社会总福利	e_{sj}	社会福利最大化下 j 类客户单位营销投入变动
ω	高峰期时长权重	e_j	优化取值时 j 类客户单位营销投入变动
$1-\omega$	非高峰期时长权重		

附录三 缩略词

缩略词	英文全称
HSR	High Speed Railway
ABC	Activities—Based Cost Method
FDC	Fully Distributed Cost
CRM	Customer Relationship Management
RFM	Regency, Frequency, Monetary Value
GRA	Grey Relationship Analysis
GE	General Electric Company

后 记
Afterword

经过艰辛的努力，终于完成了《基于拉姆齐次优理论的高速铁路定价方法研究》一书。本书是从丰富铁路经济理论、指导铁路发展改革实践的基本目的出发，结合工程管理和经济管理的实际工作，深化理论思考和方法探索的结果。回首写作经历，我要深深地感谢我的导师、咨询专家、同事、同学和家人。正是他们的帮助，我才能克服困难，正是他们的指导，我才能解决疑惑，直到顺利完成学业。

本书是在导师朱金福教授的殷切关怀和耐心指导下完成的，衷心感谢恩师对我的谆谆教诲和悉心关怀。从课题的选择、项目的实施，直至书稿的最终完成，朱教授给予我耐心的指导和支持，我取得的每一点成绩都凝聚着恩师的汗水和心血。恩师开阔的视野、严谨的治学态度、精益求精的工作作风，深深地感染和激励着我，在此谨向朱教授致以衷心的感谢和崇高的敬意。把最美好的祝福献给导师，愿他永远健康、快乐。

在研究和写作过程中，蒙冀铁路有限责任公司韩玉皓工程师给予了大量指导，为本书材料来源和数据分析提供了重要支持，非常感谢！由于我是边工作边读博士，研究中还要同时处理很多工作事务，感谢工作单位的领导给我提供的机会，感谢单位领导和同事们在百忙之中帮我分担工作，对我学业的顺利完成提供了重要帮助。

特别感谢任广建同学在实验和本书写作过程中，协助我查询资料，分析实验数据，解决了很多学术难题。没有师弟提供的热心帮助就没有这本书的顺利完成。同时感谢在南京航空航天大学就读期间，各位学长对我的帮助和支持。

感谢我的家人对我的支持和理解！他们是最爱我的人，也是我亏欠最多的人，他们默默的奉献是我多年求学的支持和动力。特别感谢我的爱人在博士学位论文写作最困难的时候，坚持陪我一起在图书馆研究，完成了本书的重要部分。

最后，我要向百忙之中参与审阅、评议本书的各位老师表示由衷的感谢。人生的每个阶段都值得好好珍惜，这段美好岁月，因为有他们的关心和帮助，我感到幸福。我会更加勤奋学习、认真工作，努力做得更好，回报每一位关心和支持我的人。